爱国主义青春读本

总主编/成 进 副总主编/周 远 李 重

乐观主义

主 编 周 远
副主编 姚 斌 李新安
编 者（以姓氏笔画为序）
王 倩 王 涵 王 婧 叶 明 代 旺
朱宏伟 李 楠 岳鹏飞 南亚娟 梁俊凤

西安交通大学出版社
XI'AN JIAOTONG UNIVERSITY PRESS

图书在版编目 (CIP) 数据

乐观主义 / 周远主编 . — 西安：西安交通大学出版社，2020.9（2023.11重印）
（爱国主义青春读本）
ISBN 978-7-5693-1664-3

Ⅰ. ①乐… Ⅱ . ①周… Ⅲ . ①高等学校 — 思想政治教育 — 研究 — 中国 Ⅳ . ① G641

中国版本图书馆 CIP 数据核字（2020）第 056768 号

书　　名 乐观主义
主　　编 周　远
责任编辑 王斌会

出版发行 西安交通大学出版社
（西安市兴庆南路 1 号　邮政编码 710048）
网　　址 http://www.xjtupress.com
电　　话（029）82668357　82667874（市场营销中心）
（029）82668315（总编办）
传　　真（029）82668280
印　　刷 西安五星印刷有限公司

开　　本 710 mm × 1000mm　1/16　**印张** 9.5　**字数** 99 千字
版次印次 2020 年 9 月第 1 版　2023 年 11 月第 3 次印刷
书　　号 ISBN 978-7-5693-1664-3
定　　价 45.00 元

如发现印装质量问题，请与本社市场营销中心联系。
订购热线：（029）82665248（029)82667874
投稿热线：（029）82668525
读者信箱：xjtu_rw@163.com

《爱国主义青春读本》编委会

总序

"一代人有一代人的使命，一代人有一代人的担当。"今天的青年是同新时代共同前进的一代，是见证中华民族腾飞的一代，是亲历世界百年未有之大变局的一代。

习近平总书记指出：广大青年既拥有广阔发展空间，也承载着伟大的时代使命。青年是国家的希望、民族的未来。青年有理想、有担当，国家才有前途、有希望。只有青年绽放青春梦想、锻造出彩人生，实现中华民族伟大复兴的中国梦才有源源不断的青春力量。

一个国家、一个民族，没有精神力量不行。广大青年要高扬爱国主义、集体主义、英雄主义、乐观主义旗帜，不断激发蓬勃发展的内在动力。

爱国主义是一面奋发图强的旗帜。爱国，是人世间最深沉、最持久的情感。爱国是青年人理所当然的价值追求，强大的国家是每一个中华儿女前进的坚实后盾和巨大力量。我们要增强对中国特色社会主义道路、制度、理论、文化的认同，坚定走中国特色社会主义道路。青年人要树立与时代主题同心同向的理想信念，勇于担当这个时代赋予的重任。立志干大事，而不是求大名、图大利；立志为国家、为人民、为社会多作贡献，而不是只顾个人、只顾小家。有了高远的志向，人生就有了正确的航向，努力就有了积极的意义。

集体主义是一面凝心聚力的旗帜。集体是我们每个人无法逾越的生存地平线。没有个体当然就不存在群体，但是人类如果没有群体的观念，没有相互的合作和共同的认识，个体的人就无法生存下去。时代的建设者和奋斗者是集体，班级和团队也是集体。集体是什么色彩，我们身上就会折射什么光斑。青年从事业起步起，就要学会尊重别人、理解别人、帮助别人，学会待人真诚、为人守信、与人为善。青年人只有把个人的价值融入集体，才能真正成就自我，只有无数年轻人携起手来，才能让青春迸发出更夺目的光彩，在时代进步中谱写更辉煌的乐章。

英雄主义是一面担当使命的旗帜。有了英雄的引导和鼓舞，我们就敢于克服任何困难，在攻克学习难关和科技难题中取得意料不到的成果。青年要敢扛责任，不怕失败，勇于创新创业。今天，我们弘扬革命英雄主义精神，不是要广大青年像战争年代英雄那样炸碉堡、堵枪眼，而是要以爱国情怀强化历史责任，以民族气节滋养浩然正气，以英雄气概砥砺血性胆识，以必胜信念坚定奋斗意志，接力推进先烈们为之拼搏献身的伟大事业，争当新时代的英雄。

乐观主义是一面积极向上的旗帜。乐观是中华民族的精神底色。乐观主义来自对规律的把握，来自正确看待现在和未来，来自正确看待问题和挑战。有了乐观主义情怀，所有的困难都可能变成机遇，所有的等待都可能变成创造，所有的矛盾都可能在微笑中得到化解，所有的努力都会在未来与收获相逢。乐观不是空头口号，其源自对人生价值实现的积极认知，成熟于知其难而不畏其难的勇敢实践。广大青年应以乐观心态感悟人性光辉，激励前行意志，做一个情趣高尚的新时代青年。让青春成为乐观主义的代名词。

“天下者，我们的天下；国家者，我们的国家；社会者，我们的社会。我们不说，谁说？我们不干，谁干？”一百年前，毛泽东在《湘江评论》中的发问，至今仍然振聋发聩。不负韶华、勇挑重担，高擎爱国主义、集体主义、英雄主义、乐观主义旗帜的中国青年，必将在奋进新时代的征程上唱响更加嘹亮的青春之歌！

本书编委会

2020 年 4 月

目录

高举乐观主义旗帜，开启壮丽新征程

“为有牺牲多壮志，敢教日月换新天。”乐观主义是中华民族的精神底色，是中华传统文化中不可或缺的文化特质和文化内涵，也是华夏文明绵延五千年而生生不息的重要基因；更是中国共产党带领中国人民历经无数战火洗礼、勇往直前推翻三座大山，迎来中华民族真正独立、富强的重要精神之源。

乐观主义是一种行动，而不是空头口号，其源自对人生价值实现的积极认知，成熟于知其难而不畏其难的勇敢实践。新时代高举乐观主义旗帜，是激励全党、全国继续攻坚克难的重要理论品质，唯有积极乐观、不断向前，社会主义事业才能不断进步发展。新时代高举乐观主义旗帜，更是交大人干事创业、再创辉煌的重要思想灯塔，唯有心怀寰宇、百折不回，交大印记才能在浩瀚的历史星空中愈发明晰和闪亮。

一、迎难而上，做有志气的乐观主义者

"艰难困苦，玉汝于成。"历尽苦难，中华民族不仅深刻总结出"落后就要挨打"的真理，更是淬炼形成了知难而进、迎难而上的革命的乐观精神。"红军不怕远征难，万水千山只等闲。"乐观主义不是嬉皮笑脸，不是随随便便，更不是得过且过，它是一种无产阶级的世界观，是一种面对愁苦、困难、挫折、失望依然毫不退缩的思想信念，一种抱着希望、坚定向前、一心争取胜利的精神风貌。

"亦余心之所善兮，虽九死其犹未悔。"交大前身南洋公学以"兴学强国"为己任，其后内乱外侮不断、国敝民穷，学校经费匮乏，举步维艰，"屡濒于危"，却未曾中断办学一日，幸赖掌校者初心如磐。抗战时期学校初迁至重庆，直面敌机侵扰、实验器材匮乏严重、食不果腹等诸多困难，师生众志成城，全力开拓，从最初仅有的机电两班、师生百人，至 1945 年抗战结束发展为一所海陆空齐备的"大交通"大学，有师生一千五百余人。尤为值得一提的是，在吴保丰校长的主持下，此时期学校成立了服务于抗战通信事业发展的电讯研究所，专门培养电讯类工业硕士，成为当时高端电讯人才培养的重镇，被誉为“中国计算机之母”的夏培肃院士即求学于此。回顾风雨如晦的中国近代历史，乐观主义精神滋养交大人披荆斩棘，不断前进，并已成为交大传统和文化精神的重要支撑。

新时代高举乐观主义旗帜，首先要做有志气的乐观主义者。西安交大人的志气，贯穿123年的，一直是“爱国奋斗”四个字。具体来说，南洋公学时期，是“兴学强国”；西迁之际，是“向科学进军，建设大西北”；迈入新时代，便是“扎根西部、服务国家、世界一流”。我们的先辈白手起家，创造了“东方的MIT”；西迁先贤再度创业，为祖国西部奉献了一颗璀璨的高教明珠；如今，接力棒交到了我们的手上，我们必须直面第四次工业革命浪潮的冲击，正视东西部之间、现在的交大和世界一流名校之间的差距，以西迁精神为精神之光，不仅要更加坚定在祖国西部率先建成中国特色世界一流大学的信心，更要有矢志奋斗、超越前辈的昂扬志气。

二、奋发蹈厉，做有效率的乐观主义者

“雄关漫道真如铁，而今迈步从头越。”乐观主义不是嘴上说说，不是唯唯诺诺，更不是得过且过，它必须要贯穿到日常工作生活中，落实到具体行动中。邹韬奋校友曾经说过，“沿着大成功的一条路上，有许多小失败排列着，最后的成功是在能用坚毅的精神、伶俐的眼光，从这许多小失败里面寻出教训，尽量利用它，向前猛进。而这种‘寻出’和‘尽量利用’，唯有抱乐观主义的人才能够办到。”故而，仅有乐观的思想是不够的，还必须有效率的乐观，才能达到目标，实现理想。

1956 年 9 月 10 日，六千师生汇聚古城，开启了扎根西北、创业报国的奋斗历程。上海时有“东方巴黎”之誉，而千年古都西安近世寂寥，两地悬殊尽人皆知。彼时“晴天扬灰地、雨天水泥地”的工地大校园，“冬冷夏热、难耐风雨”的草棚大礼堂，虽然见证了西迁创业的种种艰辛，但从未动摇西迁人创业的坚定意志和高昂热情。“以天为盖、以地为舆”“纵志舒节、以驰大区”的乐观主义精神支撑着“西迁人”砥砺向前，开疆辟土，在祖国西部大地上不断铸就辉煌：1959 年研制成功国内第一套 330kV 磁吹避雷器套管；1965 年研制成功填补国内空白的三相真空开关；同年提出的小能量多次冲击理论，不仅解决了王进喜所提出的“三吊”难题，而且在 20 世纪 80 年代荣获国家科技进步一等奖，为国民经济带来近 4 亿元社会效益。西迁后的学生中也走出了陶文铨、李鹤林、叶尚福、雷清泉、陈国良、高华健等近四十位两院院士。经过六十余年的扎根奋斗，西安交大以自身的发展壮大改变了西部高等教育的格局，形成了“一马当先，万马奔腾”的大好局面，成为中央实施西部大开发的重要战略支点。

新时代高举乐观主义旗帜，必须要做有效率的乐观主义者。堪称“再次西迁”的进驻中国西部科技创新港，短短 240 天便完成了总建筑面积 159 万平方米的物理空间建设，创造了新中国成立以来陕西建设史的奇迹。随着首批研究生新生的入驻，作为创新引擎核心部分的内涵建设效率如何？是否超过当年、达到预期？历史车轮滚滚向前，时代潮流浩浩荡荡，科技发展日新月异。创新港的不断建设完善等不得、慢不得、拖不得，必须加快脚步，更加高效，才能不负使命担当。

三、精进不休，做有情怀的乐观主义者

历史昭示未来，沧桑成就正道。习近平总书记指出：“中华民族伟大复兴，绝不是轻轻松松、敲锣打鼓就能实现的。全党必须准备付出更为艰巨、更为艰苦的努力。实现伟大梦想，必须进行伟大斗争。”面对世界百年未有之大变局，交大人必须高扬乐观主义旗帜，将交大梦彻底融入中国梦之中，以交大贡献为“复兴号”巨轮注入澎湃动力。

最美科技工作者，年过八旬依然坚守讲台的陶文铨院士；陕西好人，双目几近失明坚持笔耕不辍的俞茂宏教授；中国好医生，与肝癌搏斗的邹余粮教授；陕西省岗位学雷锋标兵，冲在扶贫一线的博士生林舒进；中国大学生自强之星标兵，组建“雪域女团”回乡支教的白玛央金……这些怀揣着乐观主义情怀的交大人如点点繁星，也鼓舞和激励着更多的交大人不断奋勇向前。迁校六十余年来，西安交大始终坚持立德树人，以培养造就德智体美劳全面发展的社会主义建设者和接班人为使命。大批毕业生传承弘扬乐观主义精神，志愿留在西部建功立业——已培养的 26 万名毕业生中，超过 40% 留在西部工作，其中更有 60% 的研究生志愿服务西部，成为推动西部地方经济社会发展的重要智力资源。2018 年以来，西安交大获 11 项国家级教学成果奖，位列全国高校第一；主持获得 2018 年度国家科学技术奖 5 项，位列全国高校第四；在 2018 年工程和材料领域国家重点实验室评估中，3 个实验室获“优秀”，获优秀数量位居高校第一。

新时代高举乐观主义旗帜，更要做有情怀的乐观主义者。“扎根西部、服务国家、世界一流”不是方案、口号，它是一种传承，更是一种情怀。交大人要做“仰望星空、脚踏实地”的奋斗者，要做“功成不必在我、功成必定有我”的实干家，更要做“不忘初心、牢记使命”的追梦人。

一代人有一代人的事业，一代人有一代人的担当。“西迁人”爱国奋斗群体积厚流光，成为新中国“最美奋斗者”集体。新时代的交大人要以西迁先贤为榜样，继续高举乐观主义旗帜，从思想、行动、文化三个维度知行合一，做有志气、有效率、有情怀的乐观主义者，坚忍不拔，砥砺奋进，搏击时代浪潮，开创属于我们这一代交大人的“黄金时代”！

扬大鹏之志，传锦绣诗篇

——李白

大鹏一日同风起，扶摇直上九万里。
假令风歇时下来，犹能簸却沧溟水。
世人见我恒殊调，闻余大言皆冷笑。
宣父犹能畏后生，丈夫未可轻年少。
——李白 《上李邕》

李白个性爽朗大方，爱饮酒作诗，喜交友，精道学，擅剑术，心怀“安社稷”“济苍生”的伟大志向，积极追求功业和理想。他一生坎坷，没能实现政治抱负，却用豪放飘逸、想象丰富、语言奇妙的艺术风格开创了盛唐浪漫主义诗风。李白朝气蓬勃的开放精神、乐观昂扬的理想展望、独立自由的个性人生，在中华民族传统文化史上留下了浓墨重彩的一笔。

李白“五岁诵六甲，十岁观百家”，他在少年时代涉猎广泛，除儒家经典、

古代文史名著外，还浏览诸子百家之书，并好剑术。他很早就相信“天生我材必有用”，对自己的才学很自信。虽然因为出身问题不能参加科举考试，但是李白并不在意。他对当时流行的道教很感兴趣，常去戴天山找道观的道士谈论道经。但在隐居山林求仙学道的过程中，李白从未放弃对人生作为的强烈渴求，十五岁时已有诗赋多首，并得到一些社会名流的推崇与奖掖，开始从事社会干谒活动。

开元十三年（725 年），李白出蜀，“仗剑去国，辞亲远游”。为了实现政治理想，他开启了漫游而兼求仕的历程。他浮洞庭，历襄汉，上庐山，登泰山，东至金陵、扬州，南游安徽、江苏、浙江等地，游踪所及，几半中国。这些生活经历对李白乐观豪放的性格和浪漫乐观主义诗风的形成有重要影响。他青年时代所作的《大鹏赋》，初步塑造了自己一生的形象：“喷气则六合生云，洒毛则千里飞雪”“上摩苍苍，下覆漫漫”“缤纷乎八荒之间，掩映乎四海之半”“以恍惚为巢，以虚无为场”，这就是李白追求自由，积极进取的自我写照。及至“大鹏一日同风起，扶摇直上九万里”，李白把对理想人生的执着追求、战胜厄运的斗争意志和绝不屈服的乐观主义展现得淋漓尽致。

李白定居安陆后，满怀“申管、晏之谈，谋帝王之术。奋其智能，愿为辅弼，使寰区大定，海县清一”的志向，第一次入长安，然而却没有引起朝廷的重视，但他并没有失望，仍然对自己的未来充满信心。随后几年，李白在祖国壮丽河山中挥洒豪情逸致，实现自己对现实自由的追求。

天宝元年（742 年），四十多岁的李白已经名声大振，被唐玄宗下诏征赴长安。“仰天大笑出门去，我辈岂是蓬蒿人”短短两句，表达了李白对理想抱负终于得以实现的骄傲和喜悦之情。他来到长安，玄宗于金銮殿召见。《全唐文》记载，玄宗明皇帝降辇步迎，以宝床方丈赐食于前，御手和羹，德音褒美，并令李白供奉翰林。但实际上玄宗所赏识的只是李白的才华，把他看作点缀升平和宫廷生活的御用文人，这不能不使李白感到他的政治理想的破灭。同时，他那蔑视帝王权贵的傲岸作风又招致了权臣们的谗毁，终于，不到两年，李白就被赐金还山。这段翰林供奉的时光让李白初步认识到统治集团的腐朽和现实政治的黑暗。李白离开长安时，朋友们都来为他饯行，求仕无望的他深感仕路的艰难，满怀愤慨写下了《行路难》组诗，其中最为大家熟知的是第一首：

金樽清酒斗十千，玉盘珍羞直万钱。

停杯投箸不能食，拔剑四顾心茫然。

欲渡黄河冰塞川，将登太行雪满山。

闲来垂钓碧溪上，忽复乘舟梦日边。

行路难！行路难！多歧路，今安在？

长风破浪会有时，直挂云帆济沧海。

这首诗一共十二句，八十余字，通过层层叠叠的感情起伏变化，既充分显示了黑暗污浊的政治现实对诗人的宏大理想抱负的阻遏，反映了由此而引起的诗人内心的强烈苦闷、愤郁和不平，又突出表现了诗人的倔强、自信和他对理想的执着追求，展示了诗人力图从苦闷中挣脱出来的强大精神力量。

之后，李白在洛阳遇见了杜甫，在汴州又遇见高适，这三位诗人便一同畅游梁园（开封）、济南等地，“醉眠秋共被，携手日同行”。李白和杜甫分手后，又南游江浙，北涉燕赵，往来齐鲁间，但这段时期李白的生活是窘困的，“归来无产业，生事如转蓬”，心情也很悲愤，“摧残槛中虎，羁绁鞲上鹰”，但他始终没有丧失乐观和自信，也没有放弃他的政治理想，他相信自己“才力犹可倚，不惭世上雄”。随着天宝年间政治的日益黑暗，他揭露现实的作品愈来愈多，顽强与乐观的精神也表现得愈来愈强烈。“我欲攀龙见明主，雷公砰訇震天鼓。帝旁投壶多玉女，三时大笑开电光，倏烁晦冥起风雨。阊阖九门不可通，以额扣关阍者怒。”《梁甫吟》全诗意境奇妙，气势磅礴，纵横跌宕，通过姜子牙、郦食其等人的故事和一些神话传说，展现了诗人勇于面对现实的斗争精神。“手接飞猱搏雕虎，侧足焦原未言苦”再次表达了李白为理想不畏艰难，勇于斗争的顽强意志，尽管“智者可卷愚者豪，世人见我轻鸿毛”，但最终他仍乐观地指出“风云感会起屠钓，大人觥屼当安之”。诗人在感悟的大起大落中向世人展现了他顽强的斗争精神和对人生执着乐观的积极态度。

安史之乱发生的第二年（756年），五十六岁的李白感愤时艰，满怀雄心壮志加入永王李璘的幕府，渴望建功报国。不幸，永王与肃宗发生了争夺帝位的斗争，兵败之后，李白受牵累，被流放夜郎（今贵州境内）。途中，皇帝大赦，李白欣喜若狂，写下《早发白帝城》。经历了人间冷暖，经过了大起大落，经过了岁月艰难，李白依然洋溢着豪情和激情。

宝应元年(762年)，李白病重，赋《临终歌》与世长辞。在《临终歌》里李白写道：“大鹏飞兮振八裔，中天摧兮力不济。”纵观李白一生，他把自己超凡的志向和无视一切的雄心寄托于逍遥宇宙的大鹏，自由地畅游在无限的世界中，由此形成李白诗歌的壮美，超越一切，大气磅礴。一种崇高的大鹏精神伴随着诗人登高山，临大河，吞吐日月的狂歌扑面而来，与之俱来的，是诗人追求自由高远的人生境界和参与现实斗争的不屈意志，这也是盛唐精神的体现！

“酒入豪肠，七分酿成了月光，余下的三分啸成剑气，绣口一吐就半个盛唐。”

李白一生不以功名显露，却充满自信，以布衣之身来藐视权贵。其诗歌从形象塑造、素材摄取到体裁选择和各种艺术手法的运用，无不具有典型的浪漫主义和乐观主义艺术特征，这与他在苦难中磨炼出的乐观、智慧、坚定、强大内心是分不开的。

人物简介：

李白（701—762），字太白，号青莲居士，又号谪仙人。李白创造了古代积极浪漫主义的文学高峰，为唐代诗歌的繁荣和发展打开了崭新局面，其乐府、歌行及绝句均达到后人难以企及的高度。李白是唐代伟大的浪漫主义诗人，被后人誉为“诗仙”。

知识链接：

关于李白之死，历来众说纷纭，莫衷一是，总体可以概括为三种说法：其一是醉死，其二是病死，其三是溺死。第一种说法见诸《旧唐书》，说李白“以饮酒过度，醉死于宣城”。第二种说法亦见诸其他正史或专家学者的考证之说，说当李光弼东镇临淮时，李白不顾六十一岁的高龄，闻讯前往，请缨杀敌，希望在垂暮之年，为挽救国家危亡尽力，因病中途返回，次年病死于当涂县令、唐代有名的篆书家李阳冰处。而第三种说法则多见诸民间传说，极富浪漫色彩，说李白在当涂的江上饮酒，因醉跳入水中捉月而溺死。

开朗豁达，笑对人生起伏

——苏东坡

苏东坡是一个不可救药的乐天派，一个伟大的人道主义者，一个百姓的朋友，一个大文豪，大书法家，创新的画家……

——林语堂

苏东坡即苏轼，说起苏东坡，大家都不会陌生。古往今来，东坡先生一直享有很高的知名度，受众多文人学子敬仰，他的很多经典诗文脍炙人口。东坡先生能流芳后世并不仅仅是因为他的多才多艺，以及在文学史上的成就，更是因为他开朗豁达的人生态度。从另一层面来说，也正是因为有如此的人生态度才能让他在自己的诗词里寄寓自己对于人生的思考，创作出一篇又一篇的千古经典，影响着一代又一代的中华儿女。

一生漂泊壮志难酬

东坡先生的一生是坎坷的一生，也是飘零的一生。学而优则仕，受儒家思想影响，古代文人都有一个伟大的政治抱负，但显然，苏东坡并没有成为政治家的天赋和野心。苏东坡二十二岁中进士，得到欧阳修的赏识，一时名噪京城。苏东坡二十六岁参加制科考试中选，得到朝廷器重，怀着一腔报国热情，开始了自己的政治生涯。在王安石厉行新法变革时，苏东坡认为新法侵害了老百姓的利益而反对变法，因此得罪了一批王安石变法的追随者而受到排挤，于是他自请出京任职，开始漂泊的政治生涯。离京后他辗转多地，先后在杭州、密州、徐州、湖州等地任官，不管身处何方，他一直秉承勤政爱民的本性，所到之处都取得了不俗的政绩。

由于率真的本性，即使远离京师，他也心系朝廷，从未停止过针砭时弊。这一时期，他以诗为谏，不加掩饰地发表自己对于时局、新法的意见。同时，多年官场历练也让他在朝廷和百姓心中取得了很高的威望。但正如他的词中所言“高处不胜寒”，元丰二年（1079 年）他遭人迫害，陷入“乌台诗案”，险遭不测。死里逃生的苏轼被贬到黄州，谪居黄州时，为解决生计，苏轼在东坡开垦耕地，成了地道的农夫，“东坡居士”的名号也自此而生。恬淡的田园生活让苏东坡感到了从未有过的放松和自在，然而就在他安于田园生活之时，命运再一次卷起涟漪，苏东坡接到了复官的圣令。再次得到朝廷赏识的苏东坡又一次成为政治旋涡的中心，不断遭到攻讦责难，但此时他的内心已十分成熟，对世事看得更加通透，既不以高官厚禄为乐，也不以桑田布衣为苦。出任杭州太守期间，他勤于民生工程，全心全意为百姓谋福利。1093 年，当司马光废除新法时苏东坡又持不同意见，结果又受到排斥打击。晚年的苏东坡被一贬再贬，先被贬至惠州，后又被贬到更偏僻荒芜的海南儋州，在儋州的生活十分困苦，但他依然快乐，无忧无虑。

因为简单率真的性格，东坡一生辗转流离多地为官，1101 年，宋徽宗时获大赦北还，途中于常州病逝。

以热情迎接困苦

苏东坡虽一生坎坷，但他却是豪放派的代表，开用“豪放”评词之先河。古人以诗词言志，因此我们可以感受到东坡的一生也是快乐逍遥的一生，这主要得益于他乐观的性格。古代文人因为敏感多情的心灵使然，往往最难过的人生关口不是现实世界的艰难困苦，而是心灵世界的孤独冷寂。然而苏东坡用他对生活的热爱，在面对逆境时乐观地寄情山水，不把挫折放在心上，将自己的情感借诗词书画抒发表达。无论任何时候，东坡先生的生活都有诗词，有酒，有花，有朋友，因此丰富的精神世界充盈他的内心，帮他驱逐内心的苦闷。

苏东坡在人生路途中很善于发现美，所以他留下了很多咏花诗。花在他心中代表着美，在赏花中，他可以得到一种幸福感和满足感。苏轼爱花惜花，喜欢各种美好的事物，如《吉祥寺赏牡丹》之写牡丹，《浣溪沙》之咏芍药、樱桃，《西江月》之咏瑞香，《占春芳》之咏梨花等。在苏轼笔下，酒是寻求生命本真、追寻闲适生活的一种方式，而赏花就是随缘自适、本真生活本身，所以苏轼常常将酒与花结合在一起。

苏东坡特别喜欢结交朋友，说他朋友遍天下也不过分。他待人真诚，交友广泛，喜欢和各种人打交道，也善于找到共同的话题。他的朋友中，有学者、高官，也有道士僧人和平民百姓。他对朋友真诚付出，也收获了真挚友谊。

苏轼因“乌台诗案”被贬黄州。初到黄州虽满眼所见皆荒凉闭塞，但以逐客身份来到黄州这个荒凉偏僻之地的苏轼并没有抱怨，他嘲笑自己“老来事业转荒唐”，从现实局促的功利之心的束缚之中解脱出来，去欣赏当地的鱼肥水美、竹茂笋香。后被贬惠州、海南，他抱着“用舍由时，行藏在我，袖手何妨闲处看”的态度随缘自适。甚至他对大自然之美的喜悦与生活中乐事的享受，也比以前更洒脱。

就像他写的《题西林壁》中悟解的那样：“横看成岭侧成峰，远近高低各不同。不识庐山真面目，只缘身在此山中。”当你跳出自己的处境，从高处远观时就会发现：逆境可以使人一蹶不振，也可以使人更加坚强。苏轼在逆境中以超脱的态度面对人生，创作了大量的名篇，奠定了他在北宋文学史上首屈一指的地位。正因为对生活的热爱，苏轼总是充满信心和希望，没有被困难打倒，没有丧失生活的勇气。苏轼以坚韧的人生信念和不向厄运屈服的斗争精神超越了苦难，因为在他的眼中，“胜固欣然，败亦可喜”。

以豁达转化苦闷

飘零的生涯注定苏东坡要经历比常人更多的与亲人的生离死别。他曾写下著名的悼亡词怀念亡妻，“十年生死两茫茫”“无处话凄凉”“尘满面，鬓如霜”。由此可见苏轼内心的忧愁与苦闷，渴望与亲人团聚，然而又无奈于现实。还有他著名的中秋词《水调歌头·明月几时有》，也是因与胞弟七年未见，他面对皓月当空有感而发。词中有失意，有不满，有消极避世的思想感情，因此谈到“我欲乘风归去”，不过，贯穿始终的却是词中所表现出的那种热爱生活与积极向上的乐观精神。“人有悲欢离合，月有阴晴圆缺”，这是苏轼的自我安慰，也能从中体会到他豪放、浪漫的气质。当他抬头遥望中秋明月时，其思想情感犹如插上了翅膀，在天上人间自由翱翔。

苏东坡用豁达的态度转化了苦闷，但面对苦难，他并非麻木不仁，对自身遭遇的各种迫害也不是逆来顺受，而是以一种全新的人生态度面对各种不幸。这种执着于人生又超然物外的生命范式蕴涵着坚定、沉着、乐观、旷达的精神，正是如此，逆境中的苏轼才有如此浓郁的生活情趣和旺盛的创作动力。

“乌台诗案”可以说是苏东坡一生中最大的转折。人到中年，又遭逢大难，但是他没有被困难打倒，反而在困苦中思考人生，让自己内心变得更坚强、成熟，做到“不以物喜，不以己悲”。

被赦免的苏东坡在离开海南时还在感慨：如果不是被流放到这罕无人至的蛮荒之地，我又怎能看到如此雄伟壮丽的景色呢？这份气度，这份胸襟，让苏轼在最危险、最艰难、最应该悲观的日子里还能笑得出来。这种凌驾于一切成败祸福之上的豁达态度也让苏轼笑到了最后。“一蓑烟雨任平生”正是他对自己面对逆境的人生态度的最好诠释。

以本真应对沉浮

苏东坡自信、勇敢，面对政敌的攻击和迫害，他始终坚持本心，表达自己最真实的想法，对自我的认同使他能够悦纳自己，积极地面对人生。他从未因为不想经历困苦而趋附于权贵。面对挫折、沉浮，他始终以超脱淡然的平和心态来应对，因为他心中始终有光，有希望，因此他的词作

多明亮的色彩，如《满庭芳》中“且趁闲身未老，尽放我、些子疏狂”“江南好，千钟美酒，一曲满庭芳”。

苏轼在贬谪途中写了很多对人生思考的作品，他的词中多透出对生命沉思体悟后的淡然超脱，如“休对故人思故国，且将新火试新茶。诗酒趁年华”“花褪残红青杏小。燕子飞时，绿水人家绕”，这些词境明朗乐观的作品是苏轼在贬谪路上寻求精神超脱淡然的体现，也是他内心宠辱不惊的体现。

贬谪生活虽然艰辛，但好在苏轼善于自我开解，乐于田园生活，在谪居黄州后期的词中也能看到词人苦中作乐的生活态度，如《定风波》中“回首向来萧瑟处，归去，也无风雨也无晴”，一种不畏风雨，笑傲人生的态度尽显。“乌台诗案”之后苏轼复官，重新得到朝廷重用，但他依然是在其位谋其政，全身心投入工作，对于政治斗争毫无防备。因此，他再一次成为政治斗争的牺牲品，绍圣元年（1094 年）苏轼再次被贬，此时他已年近六十，体弱多病。他被流放七年，“饮食不具，药石无有”，但他并没有被生活所击倒，多年的贬谪生涯反而让他对生活有了更深刻的体验与认识，他高唱“人生如逆旅，我亦是行人”，何其洒脱淡然。

东坡先生的一生坎坷动荡，不管外面风雨如何，他心中早已是波澜不惊，真正做到了“也无风雨也无晴”的放达。千百年来，苏东坡在逆境中以豁达的态度谱写的作品代代相传，受到了广泛的喜爱。苏东坡更以其面对逆境时那种从容坦荡、豁达超脱、旷放乐观的人生态度赢得了人们的尊敬和认可。苏东坡这位天纵大才，所给予这个世界者多，而所取自这个世界者少。他不管身在何处，总是把稍纵即逝的诗的感受，赋予不朽的艺术形式，而使之长留人间，在这方面，他丰富了我们每个人的生活。

人物简介：

苏轼（1037—1101），字子瞻、和仲，号铁冠道人、东坡居士，世称苏东坡、苏仙，眉州眉山（今眉山市）人，北宋著名文学家、书法家、画家。

苏轼是北宋中期文坛领袖，在诗、词、散文、书、画等方面均取得了很高的成就。文纵横恣肆，诗题材广阔，清新豪健，善用夸张比喻，独具风格，与黄庭坚并称“苏黄”；词开豪放一派，与辛弃疾并称“苏辛”，同是豪放派代表；散文著述宏富，豪放自如，与欧阳修并称“欧苏”，为“唐宋八大家”之一。苏轼善书，“宋四家”之一，擅长文人画，尤擅墨竹、怪石、枯木等。

知识链接：

元丰二年（1079年）三月，苏轼被调为湖州知州。上任后，他即给神宗写了一封《湖州谢表》，这本是例行公事，但苏轼是诗人，笔端常带感情，即使官样文章，也难免加上个人色彩，说自己“愚不适时，难以追陪新进”“老不生事或能牧养小民”。这些话被新党利用，说他“愚弄朝廷，妄自尊大”“衔怨怀怒”“指斥乘舆”“包藏祸心”，讽刺朝廷，莽撞无礼，对皇帝不忠，如此大罪可谓死有余辜。他们从苏轼的大量诗作中挑出他们认为隐含讥讽之意的句子，一时间，朝廷内一片倒苏之声。

七月二十八日，上任才三个月的苏轼被御史台的吏卒逮捕，解往京师，受牵连者达数十人。这就是北宋著名的“乌台诗案”（乌台，即御史台，因其上植柏树，终年栖息乌鸦，故称乌台）。

立圣人志，守光明心

——王阳明

所以为圣者，在纯乎天理，而不在才力也。故虽凡人，而肯为学，使此心纯乎天理，则亦可为圣人。

王阳明是“心学”流派最重要的大师，是陆王心学之集大成者，他不但精通儒家、佛家、道家学说，而且能够统军征战，一生事功显赫，故后人称之为立德、立功、立言之真三不朽圣人。作为“五百年来两大完人”之一的王阳明，虽然达到了历史上少有的成就，但其一生坎坷相伴，在很长的时间里，有着不被朝廷认可重用，甚至屡遭迫害的人生经历。而他之所以能在极端困境中求生，并将王阳明心学顿悟升华、发展壮大，与他个性中的乐观主义是截然不可分的。

王阳明从小便有过人之志。《王阳明先生年谱》里记载，刚刚十一岁的王阳明上课的时候，突然当着众生的面问先生：“何为第一等事？”先生答：“惟读书登第耳。”王阳明听后很不以为然，把头摇得像拨浪鼓，说：“登第恐未为第一等事，或读书学圣贤耳！”王阳明人小志不小，他认为人生第一等事应该是读书，然后做圣贤。认定这个目标后，他进行了各种努力和尝试，坚定和实践自己做圣人的决心。也是基于这一点，年轻的王阳明根本不把“登第”之事放在心上，他认为参加科举都是多余的，像父亲那样当了状元又能怎样呢？只有像孔圣人那样道德高尚、儒学造诣高深，像张载那样为天地立心，为生民立命，为往圣继绝学，为万世开太平才真正可以光耀千秋。

不考科举，那他干什么呢？王阳明一直在成圣的道路上摸索前进。在拜访了理学大师娄谅后，王阳明全身心投入格物的探索，于是就有了著名的“阳明格竹”。格竹遭遇失败，他听从父亲建议，开始研究辞章之学，通过参加科举获取成圣的平台。但是，王阳明却因为才华过人遭嫉妒，科举录取过程被做手脚而接连落榜。父亲王华以为落榜对儿子是致命打击，实际上，王阳明却不以为意，面对安慰，他风轻云淡地说：“世以不得第为耻，吾以不得第动心为耻。”由此可以看出，王阳明的确没有把人人看重的科举应试当成人生第一等事，反而抱着落第却不动心的乐观心态，转而研习仙家、佛家和程朱理学，继续努力尝试和探索成圣的其他途径。也恰恰通过这些努力与尝试，他渐渐形成海纳百川、兼收并蓄的胸襟和认识，为阳明心学的创立及以更乐观开怀的心态化解之后生命中更大的陷阱与磨难打下基础。

大明弘治十二年（1499 年），王阳明考中进士。虽然他站在了更高的平台上，却面临着人生的一场巨大灾难。武宗朝时，宦官刘瑾乱政，文官受尽打压，朝廷命官噤若寒蝉。任职兵部的年轻主事王阳明挺身而出，只身斗“八虎”，结果被刘瑾打进锦衣卫的诏狱。在这个狭窄困顿、窘迫肮脏的环境里，面对生死困顿与孤独恐惧，王阳明只能依靠自己的内心去寻找生命的终极意义和智慧力量，这种思索为他的人生开启了一场蜕变之旅。

挺过廷杖和诏狱之后，王阳明接着被贬到贵州龙场驿做驿丞。明代时，贵州龙场驿是蛇虺魍魉、蛊毒瘴疠之地，所以去的人基本就是死路一条。前往贵州的路途，锦衣卫杀手一路跟踪，王阳明施计脱身后，一路奔走，饥寒交迫，夜宿荒庙，几落虎口，后在老道士的点拨下，悟得柔顺以待外，坚定以守内，自然困厄尽变的道理，遂有感而作《泛海》一诗：

险夷原不滞胸中，何异浮云过太空？

夜静海涛三万里，月明飞锡下天风。

王阳明借这首诗表达了一种面对人生坎坷艰难，坦然处之的态度，仿佛如驾天风，如凭锡杖的洒脱开怀。

王阳明经过艰苦跋涉，终于到达贵州龙场驿。环境恶劣，毒瘴丛生，语言不通，习俗不同，很多中原人在此都无法生存下来。王阳明刚开始就住在一个小山洞里，他给山洞取名“王阳明小洞天”，与几个仆人相依为命，艰难生活。但王阳明始终心中有着蓬勃的生机与希望，他乐观幽默，经常带领当地人一起唱歌，慢慢地从情感上接近和打动了当地人，他们主动帮助王阳明建起了草房子，王阳明为之取名“何陋轩”。后来，何陋轩成为王阳明讲学的书院。就这样，王阳明硬是凭借对生活的一腔热望，在绝地之中为自己的内心开出一条光明的道路。

而在龙场驿的一场遭遇，彻底激发了王阳明对生死的感悟。一天，三个衣衫褴褛、行色匆匆的汉人引起了王阳明的注意。这一行三人来自中原，要去更远的地方赴任，路过龙场，投宿在一户苗家。王阳明很想去打听中原的情况，不料错过。但接着几天，就先后传来三人在路途中死去的消息，王阳明听闻非常伤感，不但带领人埋葬了这三人，还进行了简单祭奠。这件事对王阳明内心触动很大，著名的《瘗旅文》就为记载此事而作，成为《古文观止》中的绝世名篇。王阳明为什么如此感怀？他在文中讲到，自己来此地已有两年，历尽瘴毒而能勉强保全性命，主要是因为自己没有一天怀有忧戚的情绪，而是凭着乐观与信念在如此艰难的地方顽强活下来，不论命运遭遇如何，都保持快乐和心存希望。他看到吏目愁容满面、忧虑深重，又如何能应对这艰难呢？后人评价王阳明于此事的悲伤难过，应该已经超脱了对自己人生际遇的自怜，而是一种“为尔者重，自为者轻”的欲挽救众生于苦难之中的慈悲胸怀。

作为一代心学大师，王阳明强调从心出发去感悟理解万事万物，从心出发寻求世界的终极意义与真理，在知行合一中去致良知。王阳明也将这种心学思想在他后来的治军、为官、平定匪患和宁王之乱中发挥到极致。这种心学思想助力王阳明最终成为一代圣人。王阳明在一生中，历经百死千难却最终成就三不朽的过人成就，与他不断关注内心成长，用智慧、乐观不断修炼强大内心是分不开的。

人物简介：

王阳明（1472—1529），浙江绍兴府余姚县（今宁波余姚）人，名守仁，字伯安，是明代著名的哲学家、思想家、政治家和军事家，是朱熹后的另一位大儒。王阳明因平定宸濠之乱等军功而被封为新建伯，隆庆年间被追封侯爵。

知识链接：

《泛海》是王阳明于明武宗正德元年（1506年）创作的一首七言绝句。尽管这时王阳明正遭受人生一次巨大挫折，甚至生命健康都遭遇威胁与重创，但他心中仍然平静而坚定，对未来充满向往豪迈之情。一切艰难险阻，就如天上飘浮的朵朵白云，没有停滞在诗人的心中。夜深人静时，王阳明思考着国家的命运和他的人生经历，大起大落，如海上波涛一般，他将乘天地之正气，秉着一颗光明的心，去接受人生艰难险阻的挑战。全诗彰显了极大的气场与力量，反映了他“戒慎不睹，恐惧不闻，养得此心纯是天理”的哲学观。

诗中所言“飞锡”出自一个典故。唐元和年间，著名的隐峰禅师欲登五台山，路出淮西，恰遇两军交战，白骨遍野，禅师心生怜悯，遂将手中锡杖掷向两山之间，然后飞身向上，乘之而过。两军官兵皆仰头观望，被眼前景象吸引震惊，便再无争斗之心，纷纷放下武器罢战。王阳明在诗中引用此典故，表达了虽然惊涛骇浪三万里，国运难测，世事难料，但心中自有法器，自有智慧的洒脱与坚定。

科学界的一面旗帜

——李四光

真理，哪怕只见到一线，我们也不能让它的光辉变得暗淡。

李四光是新中国成立后第一批杰出的科学家，为我国甩掉“贫油”帽子，原子弹、氢弹的研制成功以及地质力学理论的创立作出了重要贡献。周恩来总理曾给予李四光很高的评价，称他为“科学界的一面旗帜”。

李四光幼年时，家境贫寒，荒年时常有断粮断炊的情形。在贫寒家庭长大的李四光，乐观坚韧、勤奋好学。这样的人格品质，为他应对之后人生道路上遭遇的辗转艰难打下坚实基础。

六岁开始，李四光就读于父亲李卓侯执教的私塾。1902 年冬，李四光告别家乡，前往省城武昌参加湖北官办新学堂入学考试。由于过于紧张，填写报名信息时，李四光误将姓名栏当成年龄栏，写了“十四”，发觉后，他将“十”改成“李”,并在“四”字之后加了“光”字，此后，“李四光”这个名字便伴随他一生。

李四光少年有志，他辗转求学，始终不忘国家和民族需要。他小时候听祖父讲中日甲午海战，便立志长大要造出“第一流兵舰”，扬我国威。1904 年，十五岁的李四光东渡日本留学，1907 年他如愿进入大阪高等工业学校舶用机关学科学习。在日本留学期间，李四光依旧学习刻苦，生活清贫，每月收到的官费用于必需的开支后所剩无几。为了省钱，他常常把生米放进暖水瓶中，加上开水，焖泡一夜，第二天再就着咸菜吃下去。除了学习、生活，李四光更关心祖国命运。在这一时期，他开始接触民主革命思想，这对他后来一生勤奋钻研，为国家作出重要贡献具有深远的影响。

结束学业后的李四光回到中国，他满腔热血待报国却郁郁不得志。国内混乱的政治形势并未给他过多的机会，眼看着袁世凯窃取了革命果实，报国无望，他倍感失落，再次出走，前往英国伯明翰大学求学。

在英国读书期间，他是一位在学习上不知疲倦的学生。英国平静的学习生活没持续多久，第一次世界大战便爆发了。一时间物价上涨、物资奇缺，生活极度困难，许多留学生都无法忍受，纷纷离开英国，但李四光硬是凭着顽强的毅力和坚忍的精神，节衣缩食，克服种种困难，把学习坚持了下来。他常常利用假期，跑到矿山做临时工，赚钱维持基本生活，这样才得以继续完成学业。在这样艰难困苦的境遇下，李四光仍乐观旷达，利用业余时间学会了拉小提琴并成了终身爱好。

李四光心怀报国之志，在专业选择上做出多次调整。在日本时，他选择造船专业。到英国后，他想到中国固然需要坚船利炮，但国家富强必须要有充足的矿产资源，而中国当时正缺少这样的人才，于是他选择了采矿专业。学习一年后，他又觉得采矿离不开找矿、勘探，因此地质相比采矿更重要，便决定转入地质专业，从头学起。他的硕士毕业论文是一本长达三百八十七页的《中国之地质》，论文集中研究地层学，因为他希望回国之后能为祖国找到矿产。

1920 年，李四光收到北京大学聘书，并于次年春天回国担任北大地质系教授。再次回国后的日子并不太平，但这并没有磨灭他的民族自尊和乐观勤奋。他鼓励大家："我们一线的生机，还是在我们的民族，大家打起精神，举起锄头向前挖去。"除了一丝不苟的教学，他还不断积累资料，思考和研究问题。他一生中在地质学方面的主要贡献，如古生物科的鉴定方法、中国第四纪冰川的发现和地质力学的创立，都是从这一时期开始的。

1921 年，李四光正式提出我国华北地区存在第四纪冰川作用遗迹的观点，这与许多知名外国地质地理学者的研究结论相左，因此，在学术上遭遇外国专家的嘲笑、打击与否定。但李四光没有退缩，他凭借扎实的学识和执着的信念，坚信自己的观点，在此后十余年里，他持续不间断地找寻中国大地第四纪冰川活动的证据。功夫不负有心人，1936 年，李四光用英文写成《安徽黄山之第四纪冰川现象》一文，他终于得到外国科学家的公开认可。其研究成果对认识地下的水文和构造，以及祖国发展建设事业起了十分重要的作用。

随着抗日战争爆发，李四光率地质研究所搬迁，开始颠沛流离，没有住房、缺乏经费、天天防空。艰难困苦的日子并未影响他的工作热情，尽管糟糕的生活状况使他的健康已经受到影响，但他从未停止过科学研究工作。1945 年，李四光作《从地质力学观点看中国山脉之形成》的学术报告，1947 年，他出版了《地质力学之基础与方法》一书。

新中国成立就像破晓的曙光照进李四光的心田。1950 年，李四光历尽周折，从英国辗转回到祖国怀抱。回国后的李四光受到周恩来总理的深切关怀，这让他倍感温暖。在党和政府的关怀、重视与信任下，李四光信心百倍，开始了他人生最有意义的工作。

新中国成立初，大规模的经济建设开始后，我国就遭遇石油短缺的困难。关于中国石油资源，当时不少地质学家抱着十分悲观的态度。李四光在学术上一贯崇尚胆大心细，不人云亦云。1953 年，当毛泽东主席和周恩来总理向他问及我国天然石油的远景时，李四光凭借自己扎实的学术功底，乐观肯定地回答道：新华夏体系的沉降带既生油，又储油，我国天然石油远景辉煌，地下的石油储量很大。在李四光的理论指导下，我国相继发现大庆、胜利、大港、华北、江汉等大型油田。

20世纪60年代，我们国家甩掉了“贫油国”的帽子，转身成为石油输出国；作为一个多地震灾害的国家，中国不仅有了预报地震的理论，还初步掌握了预报地震的方法。这两件事都和李四光的名字紧密地联系在一起。他用自己的智慧和付出让祖国变得更加强大，也改写了科学发展的历史。

心有大我，至诚报国，不论是李四光的求学还是科研道路都可谓曲折而坎坷，但他一生乐观坚韧，勤奋担当。李四光毕生努力的方向和最终达到的高度，以及他对祖国和人民作出的贡献，让他成为中国人民心中永远飘扬的一面旗帜。

人物简介：

李四光（1889—1971），原名李仲揆，湖北黄州人，地质学家、教育家、音乐家、社会活动家，中国地质力学的创立者，中国现代地球科学和地质工作的主要领导人和奠基人之一，新中国成立后第一批杰出的科学家和为新中国发展作出卓越贡献的元勋，2009 年当选“100 位新中国成立以来感动中国人物”。

知识链接：

在中国地质学界，地质力学是中国地质学家李四光在研究中国和东亚构造的基础上于 20 世纪 40 年代创立的一种构造地质学说。它主要是用力学的观点研究地质构造现象，研究地壳各部分构造形变的分布及其发生、发展过程，用来揭示不同构造形变间的内在联系。地质力学注重构造体系的分析，特别是活动构造的活动规律和动力来源，以及断层、褶皱等构造形迹形成的力学机理的分析，也注重研究地应力和地质因素对岩土工程的力学分析的影响。地质力学对矿产资源的普查勘探、工程地质和地震地质的研究有积极意义。

自学成才攀高峰，赤忱爱国育英才

——华罗庚

科学上没有平坦的大道，真理的长河中有无数礁石险滩。只有不畏攀登的采药者，只有不怕巨浪的弄潮儿，才能登上高峰采得仙草，深入水底觅得骊珠。

华罗庚是世界上最有影响力的数学家之一，但他一生命途多舛。华罗庚青少年时期因家境贫寒中途退学，为了理想自学成才，后又因病左腿残疾；中年时期遭遇二战，战火声中他在西南联大任教，后访问苏联、美国，新中国成立后他冲破阻挠返回祖国；晚年经历十年动乱，他不顾年老体弱多病，力求为祖国建设贡献力量，工作到了生命的最后一刻。每个时期的打击与磨难不但没有打倒华罗庚，反而激发了他的斗志。凭借着顽强的意志力和坚定的乐观主义精神，他取得了一个又一个伟大成就。

贫寒伤残命多舛 自强不息命途变

1910 年 11 月 12 日，华罗庚出生于江苏常州金坛县（今金坛市）的一个寻常家庭，其父经营一间杂货铺。华罗庚自幼就爱钻研，一旦开始想事情就什么都忘却了，因思考问题过于专心，常被同伴们戏称为“罗呆子”。

华罗庚初中毕业后，曾入上海中华职业学校就读，后因家境贫寒无法支付学费而中途退学，回家帮助父亲料理杂货铺，故一生只有初中毕业文凭。但是退学回家的他没有放弃自己的理想，出于对数学的热爱，他用五年时间自学完了高中和大学低年级的全部数学课程。

1929 年冬，华罗庚不幸染上伤寒病，虽死里逃生，但左腿却落下了终身残疾，走路需要借助手杖。左腿残疾后，他走路时左腿先画一个大圈，右腿再迈上一小步。对于这种在外人看来奇怪的步履，华罗庚幽默地称之为“圆与切线的运动”。残疾不仅没有阻止他对于梦想的追逐，还让他更加顽强。他说：“我要用健全的头脑，代替不健全的双腿！”凭借着这种意志，华罗庚不断钻研。1930 年春，华罗庚在《科学》杂志发表的《苏家驹之代数的五次方程式解法不能成立之理由》轰动数学界。同年，中国现代数学先驱、清华大学教授熊庆来了解到华罗庚的自学经历和数学才华后，打破常规，让华罗庚进入清华大学图书馆担任馆员。

1931年,华罗庚在清华大学数学系担任助理。他自学了英、法、德、日文，在国外杂志上发表了三篇论文。1933年，他被破格提升为助教，1934年9月，被提升为讲师。

海外求学强本领 不忘爱国赤子心

1935年，美国数学家诺伯特·维纳十分欣赏华罗庚的才华，向英国著名的数学家哈代推荐了他。之后,华罗庚前往英国剑桥大学进修。在剑桥的两年,华罗庚不负光阴，在英国哈代－李特伍德学派的影响下受益颇多，在华林问题（Waring's problem）上有了很多结果。两年间,他发表了至少十五篇文章,其中一篇关于高斯的论文给他在世界上赢得了声誉。

1937年回国后，他回到清华大学担任教授。为了保护中华民族教育精华免遭毁灭，华罗庚与清华大学、北京大学、南开大学的师生一道迁至昆明的国立西南联合大学，在战火中坚守，直至1945年日本投降。就是在如此艰苦的条件下，在昆明的一个吊脚楼上，华罗庚写了二十多篇论文，完成了个人第一部数学专著《堆垒素数论》。

1946年2月至5月，他应邀赴苏联访问；同年9月，赴美国普林斯顿高等研究院访问。1948年，华罗庚被美国伊利诺依大学聘为正教授。不管身在何方，华罗庚无时无刻不在关注着祖国的音讯，《美洲华侨日报》是他每天必读的报纸。得知“留美科协”即将成立，他踊跃参加，被选为首届理事、负责人之一。新中国成立后不久，华罗庚毅然决定放弃在美国的优厚待遇，奔向祖国的怀抱。“我这次回国，完全是凭着我的良心。新中国是大家的，建设新中国是我们大家的事情，因此我决定早日回去，尽我的能力为建设新中国而工作。”他在“留美科协”为他举行的欢送会上这样说道。

在当时中美敌对立场明确的形势下，要从美国回到北京，只有搭乘美国总统轮船公司的邮轮到香港后再中转。1950 年 2 月，华罗庚辞去伊利诺伊大学的职务，借寒假到英国讲学之名，带着妻子和三个孩子登上前往香港的邮船。在香港逗留期间，华罗庚写了《告留美人员的公开信》，并很快通过新华社向全世界播发。他在信中这样写道：“梁园虽好，非久居之乡。归去来兮！……总之，为了抉择真理，我们应当回去；为了国家民族，我们应当回去；为了为人民服务，我们应当回去；就是为了个人出路，也应当早日回去，建立我们工作的基础，为我们伟大祖国的建设和发展而奋斗！”

1950 年春，华罗庚顺利回到祖国的怀抱，担任清华大学数学系主任。

春蚕到死丝方尽 蜡炬成灰泪始干

回国后的华罗庚，在继续从事数学理论研究的同时，努力尝试寻找一条数学和工农业实践相结合的道路，为祖国的发展作出贡献。后来经过不断实践，他发现数学中的统筹法和优选法可以普及到工农业生产中，提高工作效率，改变工作管理面貌。1958 年，他担任中国科技大学副校长兼数学系主任。于是，他在中国科技大学授课的间隙带领学生到工农业实践中推广优选法、统筹法。

1964年初，华罗庚给毛泽东写信，表达要走与工农相结合道路的决心。同年3月18日，毛泽东亲笔回函："诗和信已经收读。壮志凌云，可喜可贺。"华罗庚写了《统筹方法平话及补充》《优选法平话及其补充》，亲自带领中国科技大学师生到一些企业工厂推广和应用"双法"，为工农业生产服务。"夏去江汉斗酷暑，冬往松辽傲冰霜"，这就是他当时的生活写照。1965年毛泽东再次写信给他，祝贺和勉励他"奋发有为，不为个人而为人民服务"。

十年动乱期间，华罗庚虽然身处逆境，但丝毫未动摇对党的信念，仍不辞辛劳奔赴全国各地推广"双法"。1975年8月，他在大兴安岭推广"双法"时积劳成疾，患上心肌梗死，昏迷了六个星期，一度病危。然而他没有就此放慢为祖国建设拼搏的脚步。出院后他曾留下这样的诗句："壮士临阵决死，哪管些许伤痕。向千年老魔攻战，为百代新风斗争，慷慨掷此身！"1979年，在党中央的亲切关怀下，华罗庚光荣地加入了中国共产党，实现了多年的夙愿。入党之后的他，更加严格要求自己，不顾年老体弱多病，以惊人的毅力，经过三年的拼搏，终于把十年浩劫中被盗走的手稿追忆重写，不仅完整地记述了以往的研究成果，而且有了新的发展。

1982年秋，华罗庚因日夜写作，劳累过度，再次患心肌梗死住进了医院。他在病床上仍不忘叮嘱助手们要在解决实际问题中推动应用数学的发展，要坚持为国民经济服务的方向。1985年6月3日，他带领一批中年业务骨干赴日本进行学术交流，12 日下午，在向日本数学界作学术报告的讲坛上，当他讲完最后一句话时，心脏病突发，不幸逝世。他为祖国的四个现代化建设，为加强中日两国人民和科技界人士的友好合作献出了宝贵的生命，实现了他“最大希望就是工作到生命的最后一刻”“为共产主义事业奋斗终生”的壮丽誓言。

为了祖国的科学建设，华罗庚一生勤奋耕耘，共发表上百篇学术论文，出版专著十余部。作为数学教育家，他一边自己努力钻研，一边扶掖后进，培养出陈景润、王元、陆启铿等一批优秀的数学家，并开创了中国数学学派。

新时代的今天，我们重温华罗庚的故事，是为了在这个喧嚣的时代，以特殊的方式纪念我们不能忘却的一种精神。这样一位伟大的人物，他的生命虽未萌芽于沃土，且饱受风吹雨打，但是坚韧和顽强支撑着他成长，奋斗和拼搏滋养他更加茁壮。并非他看不见繁华世界的绚烂，只是他那伟大的理想让他甘于清冷的实验室，在公式与法则中，以一种寂寞、平静的方式度过一生。

人物简介：

华罗庚（1910—1985），出生于江苏常州，中共党员，中国科学院院士，美国国家科学院外籍院士，第三世界科学院院士，联邦德国巴伐利亚科学院院士。他是中国解析数论、矩阵几何学、典型群、自守函数论与多元复变函数论等多方面研究的创始人和开拓者，被列为芝加哥科学技术博物馆中当今世界88位数学伟人之一。国际上以“华氏”命名的数学科研成果有“华氏定理”“华氏不等式”“华氏算子”等。

知识链接：

国立西南联合大学是中国抗日战争开始后多所高校南迁设于昆明的一所综合性大学。1937年11月1日，由北京大学、清华大学、南开大学在长沙组建成立的国立长沙临时大学开学。由于长沙连遭日机轰炸，1938年2月中旬，长沙临时大学分三路西迁昆明，1938年4月，改称“国立西南联合大学”。

从1937年8月决定国立长沙临时大学组建开始，到1946年7月31日国立西南联合大学停止办学，西南联大前后共存在了八年零十一个月，“内树学术自由之规模，外获民主堡垒之称号”，保存了抗战时期的重要科研力量，培养了一大批卓有成就的优秀人才，为中国和世界的发展进步作出了杰出贡献。

时光荏苒，冰心依旧

——王洛宾

西部歌王今逝去，满腔热血沃中华。

——德德玛

王洛宾，出生于艺术世家，他在北京通州潞河中学读书时，参加了基督教堂的唱诗班，极具音乐天赋的他很快成了唱诗班的佼佼者。

1928 年 6 月，在国民政府陆军被服厂当职员的父亲因病去世，王洛宾到哈尔滨的姐姐家报丧。后来他就在哈尔滨中东铁路线上横道河子车站做列车连接工，这时结识了塞克、金剑啸、沙蒙等艺友，他跟塞克学弹“七弦琴”奇达尔（吉他）。同时，王洛宾受到居住在黑龙江的俄侨音乐家戈里

德施京、特拉赫腾贝尔格、格尔施戈林娜作品的熏陶和影响。1931年9月，王洛宾被保送北平师范大学（今北京师范大学），在那儿，王洛宾受到了正统的音乐教育，这为他以后的音乐创作打下了坚实的基础。同年，王洛宾为萧军的小说《八月的乡村》创作了插曲《奴隶之爱》，这首曲子是王洛宾的处女作。在此后的九年中，王洛宾一直为抗战奔走忙碌，期间创作了《战地歌声》《半个月亮爬上来》等数十首歌曲，并在新疆拍摄了影片《祖国万岁》。

1941年，王洛宾被捕入狱，在兰州监狱服刑的三年间，他毫不泄气，创作了二十余首囚歌。所幸经过多方营救，王洛宾被保释了出来。1949年，王洛宾参加了中国人民解放军，并随军入疆。1960年，王洛宾在新疆以莫须有的罪名被判处有期徒刑十五年，剥夺政治权利二十年。在此后的二十年里，王洛宾一心投入音乐创作，改编《江巴拉汗》《高高的白杨》《你的热泪把我的手背烫伤》等数十首民歌。1981年，新疆军区召开平反大会，为他恢复名誉和军籍，王洛宾终于重新穿上了军装，任新疆军区文工团艺术顾问。之后的时光苦尽甘来，1986年新疆军区政治部、新疆音乐家协会授予王洛宾“人民音乐家”光荣称号，离休后享受副师级待遇。1996年3月14日，王洛宾因患胆囊腺癌医治无效，在原兰州军区乌鲁木齐总院去世，享年八十三岁。

作为一代音乐大师，无论是身陷囹圄的日子，还是饮誉海内外之时，王洛宾都坚守着自己的人生信念。究其一生，王洛宾既是“中西结合”，又是“土洋结合”。说他“洋”，但是他的大半生都是在中国的西北边陲度过，一生生活在普通百姓之中，深刻体会民众的思想感情，学习民间音乐，创作出无数融入着现实主义文艺观和乐观主义人生观的民族音乐；说他“土”，但是他出身于书香门第，毕业于北京师范大学音乐系，受过良好的音乐专业教育，在音乐的创作上达到了少有的高度。王洛宾作为一名卓越的民族音乐家，从 20 世纪 30 年代起就以满腔的爱国激情投身于抗日救亡运动和中华民族的解放斗争事业，创作了大量高亢奋进、鼓舞中华民族革命斗志的音乐作品，许多歌曲为爱国军民广为传唱。新中国成立后，作为一名革命军人，王洛宾又谱写了大量歌颂人民子弟兵，歌颂领袖、人民和歌颂祖国的音乐作品。这些作品成为时代的旋律、民族的心声和巨大的精神力量。

人物简介：

王洛宾（1913—1996），名荣庭，字洛宾，出生于北京，1934 年毕业于北平师范大学音乐系。

王洛宾在抗日战争期间创作了大量高亢奋进、鼓舞中华民族革命斗志的音乐作品。1988 年 9 月，王洛宾荣获中国人民解放军胜利功勋荣誉章。1992 年，王洛宾的《在那遥远的地方》荣获文化部、中国唱片总公司颁发的“金唱片特别创作奖”。1993 年，《在那遥远的地方》《半个月亮爬上来》被评为 20 世纪华人音乐经典作品。1994 年 7 月，为表彰王洛宾为 20 世纪中华音乐传播所作出的突出贡献，联合国教科文组织授予他“东西方文化交流特别贡献奖”。2014 年 1 月，国际华语音乐联盟授予王洛宾“2013 华语金曲终身成就奖”。

知识链接：

《达坂城的姑娘》是王洛宾在兰州编写的一首歌。当时王洛宾在抗日剧团组织的联欢会上听到了一位司机哼唱着简单的维吾尔语小调，他立刻记录下来并找人帮忙翻译歌词大意。

据说，这首小调来源于 200 多年前。当时，清政府实行移民屯田政策，各省来的移民被安置在这里，人们日夜劳作在田地间。男人体格健壮，潇洒而又威武霸气地赶着马车，女人迷人漂亮，眼眸明媚，顺直的长发快要拖到地上。他们互相吸引，在天山脚下的这片田地生活，自然而然地流传出这脍炙人口的民间小调。

不久后，王洛宾就编写了《达坂城的姑娘》这首极具特色的民族歌曲。这首歌曲被广为传唱，家家户户都知道了新疆有个达坂城，达坂城里有个漂亮姑娘。

中国稀土之父
——徐光宪

我们做科研的有一个信念，就是立足于基础研究，着眼于国家目标，不跟外国人跑，走自己的创新之路。

稀土是重要的战略资源，它是隐形战机、超导、核工业等高精尖领域的必备原料，但因为提炼和加工难度极大，珍贵稀少，因此有“谁掌握了稀土，谁就全天候掌握了战场”的说法。中国是世界上最大的稀土生产国，拥有最完整的稀土产业链，而这一切，与一个名字密不可分，那就是徐光宪。

徐光宪是我国著名物理化学家、无机化学家、教育家，2008 年获得国家最高科学技术奖，被誉为“中国稀土之父”“稀土界的袁隆平”。虽然徐光宪取得如此高的成就，但他的一生却坎坷相伴、历尽艰辛，是勤奋有为、乐观自强的人生态度带领他走向光明与辉煌。

徐光宪幼年时，家境殷实，父亲徐宜况非常重视孩子的教育，作为徐家幼子，徐光宪童年时代受到良好的教育。然而，家庭变故却接踵而来。1933年，徐光宪的二哥徐光宙帮助父亲协理钱庄，因被人诱骗赌博而借高利贷，巨额的债务不仅拖垮了徐家，也使得父亲徐宜况身心俱疲，患病不治。1935年，大哥徐光宇所办的私立清华初级中学因为一场官司而被迫停办，作为校长的徐光宇被逮捕，徐家再次受到重创并真正走向中落。此后，母亲常用“家有良田千顷，不如一技在身”来教育孩子们。父亲的早逝、家庭的变故、母亲的教育，让徐光宪养成了勤奋好学、知难而上的习惯与品质。

家道中落对少年徐光宪的求学之路产生了巨大影响。年仅十六岁的徐光宪不得不放弃报考高中然后考取大学的道路，转而考取了杭州高级工业职业学校（浙江工业大学前身）土木科，希望能尽早工作，减轻家庭负担。在学校，徐光宪第一次受到了科学的严谨训练，他非常珍惜这样的学习机会，通过拼命读书来充实自己。

然而家愁未断，国难又至。1937年，日军进攻杭州，徐光宪不得不随学校迁至乡下，在临时搭建的茅草棚里上课。几个月后，杭州沦陷，学校也被迫解散。次年，他在老师的建议下转学至宁波高级工业职业学校，在艰难的条件下继续求学之路。1938年夏，徐光宪从宁波高级工业职业学校毕业，前往昆明工作，途中他被领队骗取了钱财，只好前往上海投靠大哥。

在大哥的帮助下，徐光宪白天去大同大学听课，晚上担任家庭教师，但因大同大学的学费太贵，于是他便考取了学费便宜而且有奖学金的交通大学。在抗日战争全面爆发的苦难岁月里，他奔走求学，生活在租界，忍受着精神与肉体的双重压力。徐光宪奋发有为、乐观自强，这一时期的求学经历为他之后的化学人生打下了坚实基础。

1946 年，在交通大学化学系担任助教的徐光宪获得自费公派留学机会，只身前往美国留学。在哥伦比亚大学攻读博士期间，徐光宪迎来了学术生涯的第一个高峰。留在美国，学术上的造诣可以带给他光辉的前途。

恰是这一阶段，国内形势发生了巨大变化，中华人民共和国即将成立。素来抱着科学救国信念而刻苦学习的徐光宪，心向祖国靠得更近了，他不仅继续保持着优异的学业，而且开始活跃在校园里的爱国进步组织中。不到三年时间，徐光宪顺利拿到了博士学位。1949 年新中国成立，他受到巨大鼓舞，便和同样在美攻读博士的妻子约定，等妻子拿到博士学位，他们立即回国为祖国建设添砖加瓦。但朝鲜战争爆发，钱学森回国受阻，这让徐光宪感到了不安。果然，美国不久就提出法案，要求全体留美学生加入美籍，不准回国。此项法案一旦通过，徐光宪和妻子可能就再也无法回到日思夜想的祖国。“科学没有国界，但科学家有祖国”，在这样一种信念的指引下，妻子高小霞决定放弃学位。夫妇二人以归国探亲的名义，冲破重重阻碍，于 1951 年 4 月 15 日，登上“戈登将军号”邮轮，踏上归国征程。

回国后的徐光宪在北京大学化学系任教，他的细致耐心和认真给学生们留下了深刻印象。但历史的发展有时却不近人情，“文革”期间，徐光宪夫妇受到很大影响，他的学生也受到无端牵连与迫害，尽管自身难保，但他仍以大无畏的牺牲精神争取保护学生。在这样艰难的境遇下，徐光宪始终保持着乐观豁达的心态，他坚信，总有一天，事情会搞清楚，错误会得到改正。

后来，在周总理的关怀下，徐光宪夫妇回到北大校园，与家人团聚。他又重新开始，把全部精力投入科学研究中。

1972 年，北京大学化学系接到了一项紧急任务——分离镨钕，徐光宪接下了这个任务。镨钕都属于稀土元素，它们的化学性质极为相似，在当时的技术条件下，分离是难中之难，很多同行都认为分离提纯十七种稀土元素是极大的挑战，而且也很难应用于实际工业生产。但徐光宪没有退缩，凭借早年在萃取化学中获得的研究经验，他以特有的学术敏感和自信，指出萃取法对稀土分离的重要意义。他从改进稀土萃取分离工艺入手，通过选择萃取剂和络合剂，配成季铵盐——DTPA 推拉体系，最终使镨钕分离系数达到 4，远远超过当时镨钕分离系数的世界纪录 1.5。如何使萃取法运用到工业生产是徐光宪的下一个目标，他希望能够设计一种新的高效的稀土生产工艺。

中国是稀土资源大国，却长期进口稀土制品。一定要改变中国稀土行业长期受制于人的落后局面！在这一神圣使命的召唤下，他不断试验和思考，重新设计出一套化学操作流程，导出与此相应的一套串级萃取理论公式，并在此基础上设计出了一种新的回流串级萃取工艺。经过工业规模试验，徐光宪的串级萃取工艺，彻底改变了原来耗时长、产量低、分离系数低、无法连续生产的局面。工业生产线上源源不断地生产出各种高纯度的稀土元素。

从20世纪90年代初起，我国实现了单一高纯稀土的大量出口，具有较强的竞争力，原来长期垄断稀土国际市场的一些国外稀土生产商不得不减产、转产甚至停产。徐光宪在这个领域取得的辉煌成就被国外同行称为“中国冲击”（China Impact），影响十分深远。中国终于实现了由稀土资源大国向稀土生产大国、稀土出口大国的转变。1992年，邓小平同志视察南方时，听了有关同志对国内稀土产业的发展情况的介绍之后就指出：“中东有石油，中国有稀土，中国的稀土资源占世界已知储量的80%，其地位可与中东石油相比，具有极其重要的战略意义。”

“中国作为世界最大的稀土所有国，长期只能出口稀土精矿等初级产品，我们心里不舒服。所以，再难也要上。”年过半百的徐光宪改变研究方向时说。乐观坚定、知难而上，徐光宪一生情系稀土，只为他深爱着的祖国。徐光宪和他的同事们共同努力，创造了一个“中国传奇”。

人物简介：

徐光宪（1920—2015），浙江省上虞人，物理化学家、无机化学家、教育家，2008 年获得国家最高科学技术奖，被誉为“中国稀土之父”。

知识链接：

稀土 (Rare Earth)，是化学周期表中镧系元素和钪、钇共十七种金属元素的总称。最早发现稀土的是芬兰化学家加多林。

稀土有工业“黄金”之称，由于其具有优良的光电磁等物理特性，能与其他材料组成性能各异、品种繁多的新型材料，其最显著的功能就是大幅度提高其他产品的质量和性能，比如，大幅度提高用于制造坦克、飞机、导弹的钢材、铝合金、镁合金、钛合金的战术性能。而且，稀土同样是电子、激光、核工业、超导等诸多高科技的润滑剂。稀土科技一旦用于军事，必然带来军事科技的跃升。

隐姓埋名克难关，为国铸器谱新篇

——于敏

愿将一生献宏谋，众志成城镇贼酋。

于敏为了国家需要，几番变更研究方向，隐姓埋名近三十年，与同事精诚合作，磨砺出“国之锋芒”。他说：“我们国家没有自己的核力量，就不能有真正的独立。面对这样庞大的题目，我不能有另一种选择。一个人的名字，早晚是要没有的，能把微薄的力量融进祖国的强盛之中，便足以自慰了。”他自言“身为一叶无轻重”，唯有“愿将一生献宏谋”。他淡泊名利，将“求是科技基金会”一百万元奖金，除了上交特殊党费，还在中

国工程物理研究院设立了“于敏数理奖励基金”，用以鼓励青年从事科学研究。在于敏的一生中，乐观主义精神一直深深地影响着他，鼓舞着他，支持他为了祖国强盛奋斗一生。

立志科学救国的天才少年

1926 年，于敏出生于河北省宁河县芦台镇（今天津境内）一户普通的人家，虽家境贫寒，但他从小就聪明好学。在众多历史人物中，他最崇拜诸葛亮和岳飞，诸葛亮的“非淡泊无以明志，非宁静无以致远”是他的座右铭，而岳飞的“精忠报国”更是他的毕生追求。于敏讲到一次意外，“正是抗日战争爆发的前后，日本人到处侮辱、压迫中国人。我那时候刚学会骑车，找同学借了一辆车去他家。迎面来了一个日本人开着吉普车，不怀好意冲着我来了，眼看就要撞上了，如果撞上，我就完蛋了。可以想象，这是在天津，如果是在乡下，可能就性命难保了。我那时候还小，只有十二三岁，就立志一定要报国，科学救国。”在于敏成长的年代里，他一面看到的是世界科学的大发展，一面感受着自己的祖国受到列强的欺凌，从那时起，于敏的心中就埋下了一颗科学救国的种子。

1944 年，家境贫寒的于敏在天津启新洋灰公司的资助下，考入北京大学工学院电机系。1946 年，他决定走科学救国的道路，辞谢了天津启新洋灰公司的资助转入理学院物理系。于敏如饥似渴地学习，以物理系第一名的成绩考取了北大理学院院长张宗燧的研究生。张宗燧对学生要求极高，讲课从头到尾用英文，内容更是深奥难懂！在一次代数考试中，由于试题极难，数学系的平均成绩不足二十分，而有一张成绩单，几乎轰动了整个北大校园：于敏，一百分！张宗燧先生无比欣慰地说："我教学了一辈子，从未见过于敏这么好的学生！"而于敏却谦虚地说，他不笨，自认为也不聪明，他只是很勤奋。他回忆道："每年夏天，我暑假回不了家，因为没有路费，常常跑到景山顶上去，乘着景山的凉风，拿着课本，做着习题，勤奋得很。"谦虚的作风和乐观的心态引导于敏积极主动地去学习，这为他打下了良好的知识基础。于敏在北大攻读研究生的同时兼任助教。他以量子场论作为研究方向，完成了《核子之非正常磁矩》的研究论文，在物理基础理论研究上已崭露头角。

喜看中华振兴日，百家争鸣竞风流

1950 年，朝鲜战争爆发，美国自恃核武器威胁中国。1951 年，于敏从北京大学研究生毕业，来到中国科学院近代物理研究所，他放弃了自己的兴趣和已经有所成就的研究方向，改做"原子核理论"研究。这是他人生道路上的一次重大抉择。他的选择无比坚定、义不容辞，他说："原子核理论，是国家建设的需要。新中国刚刚成立，百废待兴，一个科学工作者个人的志愿必须建立在整个国家建设大业的基础上。面对祖国的需要，我不能有另外一种选择。”勤奋钻研的于敏面对现状，并没有消极对待，而是积极动员和安排，先后主办了多次原子核理论培训班，为国家培养了一批又一批的专业科技人才。他与杨立铭教授合作出版的《原子核理论讲义》成为我国第一部原子核理论专著，并成为高等学府原子核理论课程的正式教科书。他发表的二十多篇论文、出版的专著震惊了国内外物理学界。

1952 年 11 月 1 日，美国研制的世界上第一颗氢弹在太平洋马绍尔群岛的一个小岛上爆炸。1961 年，苏联试爆氢弹“沙皇炸弹”，威力相当于美国在日本扔下的原子弹的 3846 倍！ 1965 年 1 月，毛泽东主席在听取国家计委关于远景规划设想的汇报时指出：“原子弹要有，氢弹也要快。”原子弹和氢弹虽然都是核武器，但是一个属于核裂变，一个属于核聚变，是两个不同的研究领域。氢弹和原子弹，必须要有原子弹才能有氢弹，氢弹的机制、原理要困难得多，但是它的性能要好得多。钱三强将氢弹理论的预先研究任务交给了于敏，郑重地对他说：“咱们一定要赶在法国之前把氢弹研制出来，我这样调兵遣将，请你不要有什么顾虑，相信你一定能干好！”搞氢弹是很难的事情，它涉及科学技术、工程各个方面，并且不太符合于敏的兴趣，但是爱国主义压过兴趣，所以于敏当时就答应了。虽然当时世界上有氢弹，但是我们在氢弹研究方面却是一穷二白。杜鲁门和艾森豪威尔都赤裸裸地示威，他们绝不能让中国搞氢弹，那时候中美关系非常紧张，美国军舰甚至曾带着核武器到我们近海来。于敏说他过去学的东西都可以抛，一定要全力以赴把氢弹搞出来。而这意味着他不仅要离开研究了多年的学术领域，而且需要隐姓埋名，长年在外奔波！从接受这份任务开始，于敏的名字和他所从事的事业一起成为国家最高机密。此后，他再也没有公开发表过论文！但是这些都无法阻止于敏前进的脚步，淡泊名利的他相信再困难的事情都能克服。他从不抱怨，而是充满信心和希望去做，他相信报效国家的理想终将能够实现。

1964 年 10 月 16 日，我国第一颗原子弹爆炸成功，氢弹研制进入冲刺快车道。1965 年元月，毛主席发出了向核聚变冲击的伟大进军令，中央确定了“两年准备，争取高水平”的战略部署。于敏和邓稼先、周光召等科学家一起，向氢弹原理的突破发起了总攻。于敏说：“当时搞研究很重要的是齐心协力，当然最主要的是爱国主义。家里面有很多困难，那个时候生活上的困难、工作条件上的困难，没有人抱怨，还照样服从去做工作。”研究及实验所在场地十分艰苦，常居于崇山峻岭之间，大漠砾石之上，但却始终无法动摇于敏的一腔报国热情。在最低迷和最艰难的时候，他竟唱着京剧《出师表》鼓励战友坚定信念，迎难而上。他的乐观鼓舞着大家。经过连续一百多个日日夜夜的艰苦奋战，他提出精巧结构，形成了从原理到结构基本完整的中国氢弹理论设计方案。

1967 年 6 月 17 日，我国使用图 16 轰炸机空投完成首颗氢弹的爆炸，爆炸当量 330 万吨，这标志着氢弹研制圆满成功。从第一颗原子弹到氢弹，美国用了七年零三个月，苏联用了六年零三个月，英国用了四年零七个月，法国用了八年零六个月，而中国仅仅用了两年零八个月。中国抢在法国前面，成为世界上第四个拥有氢弹的国家！创造了世界最快的从原子弹到氢弹的突破速度。

于敏喜谈三国，他曾说："两表酬三顾，一对足千秋，当然，时代不同了。但是，这种战略部署的精神，很值得思索，很值得考虑。""诸葛亮的忠心耿耿，他的这种赤胆忠心，我想应该是中华民族的宝贵的财富。"于敏具有敏锐的战略眼光，他说："我们已经有氢弹了，必须把氢弹武器化，你不能有弹无枪，就是要装上枪，这是一件重要的工作，这就是我们第一代核武器。已经到这个程度了，再走一步就可以武器化了……我打心眼里赞成核武器最好都彻底销毁、完全禁止。可是，在50年代，核大国几次威胁要使用核武器打我们，你要想不受欺负的话，就不能没有核武器。中华民族不欺负旁人，也不能受旁人欺负。"

1969年，于敏带领团队来到了绵阳的深山里，开启了核武器研究的新征程。而就是在这次征程中，于敏先后三次与死神擦肩而过。1969年初，在首次地下核试验和大型空爆热试验时，于敏上台阶都要费力抬着腿才能慢慢上去，他坚持要到小山岗上观测火球，在工作现场，于敏几近休克。1971年10月的一天深夜，于敏再一次因为过度劳累休克，经医生抢救方转危为安。1973年于敏在返回北京的列车上开始便血，送到医院时又一次休克……但是这些都不能阻止于敏前进的脚步。他不断挑战自己身体的极限，因为他始终无比乐观地相信守护国人的梦想必将实现。1986年，301

医院的一间普通病房内，邓稼先和于敏一起字斟句酌地写下了《关于中国核武器发展的建议书》，建议在世界全面禁止核试验前，加快中国的核试验步伐。正是因为邓稼先、于敏的战略眼光，为我国争取了十年宝贵的核试验时间，更让中国赶在世界全面禁止核试验之前，达到了实验室模拟水平。

于敏在七十三岁那年，以一首《抒怀》为题的七言律诗总结了自己沉默而又壮烈的一生：

忆昔峥嵘岁月稠，
朋辈同心方案求。
亲历新旧两时代，
愿将一生献宏谋。
身为一叶无轻重，
众志成城镇贼酋。
喜看中华振兴日，
百家争鸣竞风流。

回顾自己一个甲子的科研历程，于敏淡然地说，一切都是为了国家需要！“喜看中华振兴日，百家争鸣竞风流。”于敏正是怀抱着强烈的爱国理想，在乐观精神的指引下，以积极乐观的心态，克服重重困难，为祖国的发展奉献了一生和一切。

人物简介：

于敏（1926—2019），中国共产党优秀党员，著名核物理学家，中国科学院院士，中国核武器事业重要奠基人，被授予“两弹一星功勋奖章”，获得国家最高科技奖、改革先锋称号、全国道德模范称号。20世纪60年代，于敏带头突破氢弹原理。于敏的名字在二十八年里都是绝密，直到1988年才解密。20世纪80年代以来，于敏在二代核武器研制中突破关键技术，使我国核武器技术发展迈上了一个新台阶，对我国科技自主创新能力的提升和国防实力的增强作出了开创性贡献，1980年当选为中国科学院院士（学部委员），2019年，被授予“共和国勋章”。

知识链接：

氢弹是利用非可控轻核聚变反应原理制造的大规模杀伤性核武器。核聚变反应只能在极高的温度（>40000000℃）和足够大的粒子碰撞概率条件下才能大量发生。由于常规装置无法提供轻核聚变反应所需的高温高压条件，氢弹必须利用原子弹爆炸释放的能量引爆，所以氢弹也称作热核弹。氢弹的杀伤破坏因素与原子弹相同，但威力比原子弹大得多，甚至可达上千倍。

老骥伏枥，初心不改

——杨善洲

只要生命不结束， 服务人民不停止。

改革开放初期，杨善洲担任云南保山地委书记，当时的保山土壤贫瘠、耕作方式落后、农田水利设施薄弱，农业产量十分低下，“一人种三亩，三亩不够吃”是保山的真实写照。杨善洲看在眼里，急在心上：“我们是党的干部，如果老百姓饿肚子，我们就失职了！”他亲自上阵，与地委班子带着全区各族群众，积极推行农村家庭联产承包责任制，大搞农田水利基本建设，改变传统种植模式，推广粳稻试验田，试验“三岔九垄”插秧法，使得保

山市五县（市、区）的坝区，到处河道畅通、沟渠纵横、田块整齐，水稻的亩产提高了三四百斤。保山因此获得“滇西粮仓”的美誉，杨善洲则被人们亲切地称作“粮书记”。

在发展农业的同时，杨善洲与广大干部群众并肩战斗，迎难而上，开启了一系列改革开放的生动实践，使保山的工业、建筑业等从无到有快速发展。他率先探索和推进小城镇建设，发展多种经营，培育非公有制经济，在保山建成了一大批以农副产品加工为主的地方工业企业和特色鲜明、经济活跃的小集镇，为保山地区的综合发展作出了卓越的贡献。

1988 年 4 月，六十岁的杨善洲从保山地委书记岗位光荣退休。时任云南省委书记的普朝柱代表省委找他谈话，让他搬到昆明居住，还可以到省人大常委会工作一段时间。杨善洲婉言谢绝了，他说：“我要回到家乡施甸种树，为家乡百姓造一片绿洲。”

他选择了大亮山——那个生态已被破坏得面目全非的荒山，只为改变家乡的生态环境，造福家乡人民。他说：“我是在兑现许给家乡老百姓的承诺，在党政机关工作多年，因为工作关系没有时间回去照顾家乡父老，家乡人找过我多次，叫我帮他们办点事我都没有答应，但我答应退休以后帮乡亲们办一两件有益的事，许下的承诺就要兑现。至于具体做什么，经过考察，我认为还是为后代人造林绿化荒山比较实在，这既对全县有利，也对当地群众生产、生活有利。”

家乡的人听说他要回来种树就劝他：“你到别处去种吧，这地方连野樱桃和杞木树都不长。”然而，杨善洲创办林场的设想和决心没有动摇。他请地、县林业部门的领导和科技人员到大亮山多次调查研究。经过调研，杨善洲更坚定了改变大亮山面貌、“种树扶贫”的决心，并将场址选在施甸县的旧城、酒房、姚关三个乡结合部的大亮山。

“好个大亮山，半年雨水半年霜；前面烤着栗炭火，后面积起马牙霜。”面对恶劣的环境，杨善洲坚定地说：“等到山绿了，风沙就会越来越小。栽下一棵树，山就会绿一小块，栽下几棵树，就会绿一片。我就不信这山绿不起来。”就在这极度恶劣的环境中，杨善洲带领林场职工和当地群众，把不可能变成了可能。没钱盖房子，他们就花七千多元修建油毛毡房四十多间，一住就是九年；没钱购买家具，办公桌、板凳、床铺都是就地取材自己动手解决；没钱买苗木，杨善洲就带头到马路上捡别人扔掉的果核；没有肥料，大家提着粪箕到村寨路上捡牛马猪粪作底肥；没有资金，杨善洲多次到省、市相关部门跑项目。为了御寒，大亮山四季烧火塘，晚上，大家就围在杨善洲住的火塘边商量工作。杨善洲乐在其中，他说：“白天造林、晚上烤火，也是一种很好的生活方式嘛！”

1999 年 11 月，手提砍刀给树修枝时，杨善洲不幸踩着青苔滑倒，左腿粉碎性骨折，但半年后他又拄着拐杖执意爬上了大亮山。从此，他再也离不开拐杖了。

开山垦荒的日子是艰苦的，艰苦环境下的快乐更加珍贵。终于，在杨善洲和林场职工的不懈努力下，大亮山林场没有几年时间就红火起来了，家业扩大、经济效益也逐步显现出来。为了搞好多种经营，他们办起了茶叶基地，又建起茶叶精制厂，茶树也长得有半人高了，但正在这时，发生了一场鼠患，一只只肥大的老鼠几夜之间就把三分之二的茶树啃死了，辛勤多年的茶园毁于一夜。面对这突如其来的灾难，有的人畏缩了，但杨善洲却没有被困难压垮。他鼓励大家，茶园毁了可以重新种植，人的精神垮了，事业就真正完了。他要职工振奋精神，重新与大自然搏斗。在他的鼓舞下，林场职工始终没有在困难面前低头。

大亮山的生态修复，使一些濒临灭绝的动植物得到保存。林场珍稀动物有黑熊、豹子、猕猴、凤头鸟、野鸡等，植物有桫椤、银杉、楠木、白杏、雪松等。山石裸露的现象消失，风调雨顺，周边居民修枝打杈就能解决烧柴问题，通过合理采收干巴菌等山珍实现增收。

2009 年 9 月至 2010 年 5 月，保山遭遇了百年不遇的特大干旱，但由于大亮山的植被非常好，涵养的水源多，水量充裕，周边群众的生产生活用水在干旱期间仍然充足。2009 年 4 月，八十二岁的杨善洲将活立木蓄积量价值超过三亿元的大亮山林场经营管理权无偿移交给国家，施甸县政府决定奖励杨善洲十万元，被他当场谢绝。经再三劝说，他接下了保山市委市政府奖励的二十万元，捐出十六万元用于公益事业，仅余四万元留给他一生愧疚的老伴。

有人曾问杨善洲，放着好日子不过，何必自讨苦吃？他说："入党时我们都向党宣过誓，干革命要干到脚直眼闭，现在任务还没完成，我怎么能歇下来？如果说共产党人有职业病，这个病就是'自讨苦吃'。"

杨善洲十二岁失去父亲，陪着母亲艰难度日，从小就深深地体会到身为一个农民的诸多难处。因此他处处从农民的角度去理解农民，从农民的角度去思考怎样"为民"，并从农民的角度去思考怎样"为官"，这使他与父老乡亲始终保持着一种水乳交融的紧密联系。

杨善洲在退休之后，获得"全国绿化十大标兵""全国绿化奖章""全国老有所为先进个人"等众多荣誉，被誉为"活着的孔繁森"。2018 年 12 月 18 日，党中央、国务院授予杨善洲同志改革先锋称号，颁授改革先锋奖章。

"绿了荒山，白了头发，他志在造福百姓；老骥伏枥，意气风发，他心向未来。清廉，自上任时起；奉献，直到最后一天。六十年里的一切作为，就是为了不辜负人民的期望。"这是 2011 年度感动中国对杨善洲的颁奖词，也是杨善洲一生的写照，更是他留给保山大地、云岭大地的宝贵财富。杨善洲的善行义举深深感动了亿万中国人，成为全党全社会争相学习的榜样。

人物简介：

杨善洲（1927—2010），云南省保山市施甸县姚关镇人，中共党员，1951 年 5 月参加革命工作，历任区、县主要领导，担任地委领导近二十年。他工作三十五年来，始终保持艰苦朴素的本色，廉洁奉公、全心为民，勤奋工作，为保山经济社会发展作出了突出贡献。杨善洲是第三届全国道德模范，入选“感动中国 2011 年度人物”。

知识链接：

植树造林好处很多：能抑制水土流失，据统计，一亩树林比无林地区多蓄水 20 吨；能防风固沙，风一旦遇上防护林，速度要减弱 70% ～ 80%；能为人类提供许多有用的东西，不少水果、药材都是林产品；能清除污染，有资料表明，一亩树林一年可以吸收灰尘 2 万～ 6 万千克，每天能吸收 67 千克二氧化碳，释放出 48 千克氧气，一个月可以吸收有毒气体二氧化硫 4 千克，一亩松柏林两昼夜能分泌 2 千克杀菌素，可杀死多种疾病病菌；能减少噪声，美化环境，保持生态平衡，为人类提供理想的学习、工作、娱乐和生活的场所等。

力摘数论皇冠上的明珠

——陈景润

在科学的道路上我只是翻过了一个小山包，真正高峰还没有攀上去，还要继续努力。

陈景润是我国著名数学家，中国科学院学部委员（院士），是国家自然科学奖一等奖获得者，被周总理推荐为第四届全国人大代表。邓小平接见陈景润并赞扬说“中国要是有一千个陈景润就了不得”。2009 年陈景润当选“100 位新中国成立以来感动中国人物”，他的“陈氏定理”至今仍保持世界领先水平。2018 年，党中央、国务院授予陈景润改革先锋称号。

陈景润获得“在挑战解析数论领域 250 年来全世界智力极限的总和”

的赞誉，这与他的努力是分不开的。他决心进军哥德巴赫猜想，为祖国争光。他坚持学习，并带动全系乃至厦大全校学生共同努力学习。他初生牛犊不怕虎，毅然向世界级数学大师挑战，不断攻克他利问题、华林问题等科学难题。他不畏艰难，不怕吃苦，以持之以恒的耐心，详细证明“1+2”，他的“陈氏定理”被公认为对哥德巴赫猜想研究的重大贡献。

陈景润在逆境中潜心学习，忘我钻研，取得解析数论研究领域多项重大成果。他的人格魅力令人钦佩，值得大家学习效仿。他的乐观主义精神主要体现在以下三个方面。

不怕吃苦，默默储备

1933 年陈景润出生于福建省。他的青少年时代正处于我国战乱时期，加之家境贫寒，一度上学都无法得到保证，但这些丝毫未影响陈景润对数学的向往和热爱。大学时，他更是嗜书如命，把生活费都节省下来买了书，而每顿饭只吃他发明的“陈氏套餐”——馒头蘸酱油。他不顾他人的冷嘲热讽，坚持“学习就是最大的政治”。具有乐观主义精神的陈景润，至今仍是青年人学习和效仿的楷模。

陈景润在厦门大学工作时，住在名叫“勤业斋”的教工宿舍。宿舍背山面海，周边环境非常幽静，邻居们常常尽情地享受自然的美景和清新的空气，到海边冲浪、晒太阳，显得十分悠闲自在。陈景润却从来不加入这些活动，他几乎停止了其他一切与数学无关的活动。

当时的陈景润几乎没有作息时间表，不论上班、下班、白天、黑夜、走路、吃饭他都在不停地构想和思索，尝试用各种可能的方法推演运算，在一张张稿纸上书写、涂改……

为了提高自己的理论水平，陈景润设法找来大量的数学著作，认真地学习、思考。不少数学著作又大又厚，携带十分不便，陈景润就把它们一页页拆开来，随时带在身上，走到哪里读到哪里，陈景润就是用这些方法把不少优秀的数学著作读得滚瓜烂熟。不止一次，陈景润因为忘我地读书、完全不记得时间而被锁在图书馆，人送外号“陈 book”。对于这个外号，陈景润也欣然接受，因为他的关注点根本不在这些生活琐事上，而在“演算和推理”这件大事上。这对青年人，尤其是大学生的教育意义是深远的。

陈景润的好朋友林群曾说过，陈景润的治学精神和研究风格都使他钦佩。陈景润的朋友罗声雄也说，陈景润的刻苦不是常人能做到的，或者说，不是常人能忍受的。

陈景润自己回忆时说，他读书不只满足于读懂，而是要把读懂的东西背得滚瓜烂熟，熟能生巧。就这样，陈景润默默无闻地学习，默默无闻地储备，就像一只蛰伏的数学巨龙，随时准备扶摇而起，一飞冲天，就如鲁迅先生说的“静观默察，烂熟于心，然后凝思结想，一挥而就”。

不畏艰难，潜心钻研

陈景润在熟读华罗庚《堆垒素数论》全书四十多遍之后发现，可以运用第五章的方法改进第四章的某些结果，这就是当时数论的中心问题之一“他利问题”。它和哥德巴赫猜想一样，吸引着数论学者的注意和探讨。陈景润决心攻克“他利问题”。

在20世纪五六十年代，陈景润几乎是每天打一壶开水，买几个馒头和一点小菜，回到他的小屋，一干就是一天。他的房间有一张床，一个小课桌，一把木椅，剩下的就是他写过的一堆一堆草稿纸。他像一个辛勤的淘金者，通过这些稿纸寻求数学成果，他的全部生活就是研究数学。

尽管陈景润很单纯地在做学问，但在那个特殊的年代，要想独善其身是不可能的。他的潜心钻研，还是引来了不少非议。有人说陈景润是个“书呆子”，除了读书，什么也不知道，生活自理都有困难；有人说陈景润是个数学迷，只要钻进去，命都不顾的；有人说陈景润是“白专的典型”，搞古人、死人、洋人的东西，没有实际意义，纯粹是寄生虫；有人说陈景润是个老病号，千万别去他的房间，他有肺结核，会传染的；有人说陈景润属于比较顽固的，改造他不容易，必须触及他的灵魂……

陈景润不管这些流言蜚语，坚持正义和守住底线的最好方法就是继续沉下心来，他继续研究攻克一个个难题。

在数学的海洋里，他不仅沉浸其中，而且开始往深处下潜。陈景润不分昼夜地辛苦工作着，而维持他生命的，时常只是开水和窝窝头，与他的研究工作齐头并进的是他日益严重的病痛。就是这样，陈景润以常人不可想象的毅力向着他的目标艰难地迈进。他屋里的稿纸越来越厚，他的身体却越来越单薄。

陈景润在《科学纪录》上发表的关于华林问题的论文，在数论史上留下浓墨重彩的一笔。20世纪60年代的《数学学报》上发表了一篇令数学界深感欣喜的优秀论文，这篇论文的题目是《给定区域内的整点问题》，作者就是陈景润。陈景润在《数学学报》发表了《圆内整点问题》的论文，这篇论文以大家之风改进了华罗庚的结果。

此时，陈景润成了数学所的名人，但是他依旧沉默寡言，没有半点骄傲的神情，他仍然全神贯注地做他的数论研究。

以惊人的毅力，向哥德巴赫猜想进军

陈景润进军哥德巴赫猜想，源于中学时的一个梦。陈景润在中学时，他的数学老师在课堂上讲到我国古籍《孙子算经》中一条余数定理是中国首创，后来传到西方，欧美人士对之非常崇敬，称誉为孙子定理。那时的陈景润就萌发了一个为国争光的念头，将来要像前人那样在数学上搞出点名堂。后来他又听老师讲哥德巴赫的故事，了解到数学上的皇冠是数论，哥德巴赫猜想则是数论这顶皇冠上的明珠。这就更加明确了陈景润的抱负与理想，那就是要摘取皇冠上的明珠。

在钻研哥德巴赫猜想的岁月里，陈景润真正做到了物我两忘，因此在无意中产生了许多常人不能理解的奇怪行为。例如，他在食堂里就餐很少买炒菜，一般是酱油兑开水就馒头，如果错过了食堂开饭的时间，他就用清水煮面条。平时陈景润不吸烟、不喝酒，只喝一点茶，当他的身体实在支撑不了，或者他所研究的问题将取得突破性进展的时候，他才会用人参须根泡一点水喝。

陈景润在数学的高峰上不断攀登。认识陈景润的人都知道他惜时如金。与此同时，长期超负荷的研究使陈景润的身体也越来越虚弱。他面色苍白，两眼深陷，严重的病痛折磨着他，咳嗽、腹胀、腹痛、体温常年低热。严重的疾病使陈景润几度病危，医生几次断定他活不了几年，但他凭借着顽强的意志，竟然奇迹般地从死神的身边溜走，而且把手中的笔握得更紧了。

著名作家徐迟的报告文学《哥德巴赫猜想》中这样描述陈景润在攀登“1+2”时艰苦的心路历程：

> 他无法统计他失败了多少次。他毫不气馁。他总结失败的教训，把失败接起来，焊上去，作登山用的尼龙绳子和金属梯子。吃一堑，长一智。失败一次，前进一步。失败是成功之母；成功由失败堆垒而成。他越过了雪线，到达雪峰和现代冰川，更感缺氧的严重

了。多少次坚冰封山，多少次雪崩掩埋！他就像那些征服珠穆朗玛峰的英雄登山运动员，爬呵，爬呵，爬呵！而恶毒的诽谤，恶意的污蔑像变天的乌云和九级狂风。然而热情的支持为他拨开云雾；爱护的阳光又温暖了他。他向着目标，不屈不挠；继续前进，继续攀登。战胜了第一台阶的难以登上的峻峭；出现在难上加难的第二台阶绝壁之前。他只知攀登，在千仞深渊之上；他只管攀登，在无限风光之间。一张又一张的运算稿纸，像漫天大雪似的飞舞，铺满了大地。数字、符号、引理、公式、逻辑、推理，积在楼板上，有三尺深。忽然化为膝下群山，雪莲万千。他终于登上了攀登顶峰的必由之路，登上了“1+2”的台阶。

无数次的失败使陈景润渐渐冷静下来，他开始认识到向着山顶的路有无数条，要想找到能最终通往山顶的一条必须不停地尝试探索。陈景润就是这样珍惜自己的每一分每一秒，凭借着顽强的毅力，以及对数学的高度热爱在数学迷宫里艰难地跋涉。

最终，他向世人证明了“1+2”，发表了著名论文：《大偶数表为一个素数及一个不超过二个素数的乘积之和》，此时，离皇冠上的明珠，只有一步之遥了。但是陈景润却是在极其艰苦的条件下发表的这篇论文，提出被全世界公认的“陈氏定理”时所居之所是只有六平方米的“锅炉房”，所处时代是十年浩劫。他的身体已经严重透支，被疾病缠绕……

荣誉接踵而至，陈景润却不为所动，继续他的钻研，继续前行，向更高的目标进军。无奈，早已经透支的身体未能再给陈景润更多的时间，让他有机会去摘取那颗明珠。但陈景润在最后的时光依然做着“1+1”的外围工作，又写了四本书留给后人。

人物简介：

陈景润（1933—1996），福建福州人，当代数学家。陈景润1949年至1953年就读于厦门大学数学系，1955年2月由当时厦门大学的校长王亚南先生举荐，回母校厦门大学数学系任助教。1957年10月，由于华罗庚教授的赏识，陈景润被调到中国科学院数学研究所。他发表的“1+2”的详细证明，被公认为是对哥德巴赫猜想研究的重大贡献。1981年，陈景润当选中国科学院学部委员（院士）。陈景润曾任国家科委数学学科组成员、中国科学院原数学研究所研究员、《数学学报》主编。

知识链接：

1978年《人民文学》发表了徐迟的报告文学《哥德巴赫猜想》。该作品一经问世，立即引起了极其强烈的反响！报纸、广播电台纷纷全文转载和连续广播。《哥德巴赫猜想》飞扬神州大地，陈景润的名字几乎家喻户晓。同时，哥德巴赫猜想也进入了普通读者的视野。哥德巴赫是德国数学家，1690年出生于格奥尼格斯别尔格（现加里宁城）。他喜欢到处旅游，结交数学家，然后跟他们通信。1742年，他在给好友欧拉的一封信里陈述了他的猜想。欧拉给他回信，同时又提出了另一等价版本，即任一大于2的偶数都可写成两个质数之和。时至今日，哥德巴赫猜想还未被完全证明。

汉字激光照排系统之父

——王选

科学研究本身就是一种美，给人带来的愉快是最大的报酬，是一种高级享受。献身科学就没有权利再像普通人那样生活，必然会失掉常人所能享受的不少乐趣，但也会得到常人享受不到的很多乐趣。

王选是我国著名的计算机文字信息处理专家、当代中国印刷业革命的先行者、计算机汉字激光照排技术的创始人，他被称为“汉字激光照排系统之父”，也被誉为“当代毕昇”。他研制的第四代中文激光照排技术，改变了我国沿用上百年的铅字印刷技术，使汉字印刷告别“铅与火”，迈入“光与电”的崭新时代，也使汉字和中华文化的传承与发展进入信息化时代。王选在同疾病作斗争的一生中，完成了我国汉字激光照排系统的研制。

王选出生在上海一个知识分子家庭，少年王选勤奋好学、乐观自信、行不苟合，在学校一直担任学生干部，他品德好、成绩好、人缘好，非常受老师和同学欢迎。他有想法有主见，在高考填报志愿时，没有选一所上海的高校，他希望自己能远离家乡，适应新的环境，奔赴更远大的前程。

1954年秋，王选考入北京大学数学力学系。1956年，他面临专业的选择，当时大多数人看好纯数学和力学专业，而计算数学是一个分支学科，而且刚刚成立，是弱势加冷门，但十九岁的王选却义无反顾地选择了它。他有自己的考虑：发展计算技术，不但是国际趋势，也是国家需要，一个人如果能把自己的工作和国家的前途命运联系在一起，就很有可能创造出更大的价值。事实证明，王选的选择是正确的，1958年他刚大学毕业，就赶上了我国研制计算机的热潮。“选择计算数学专业，这是我一生中的幸运。”王选这样说。

毕业后，王选凭借优异的成绩留校，在无线电系担任助教，并投身北大自主设计的“红旗机”的研发中。长期的饥饿加上忘我工作，长时间的体力透支让他的身体垮了下来。他患重病久治不愈，生命岌岌可危。

1961 年夏，王选只得回上海老家养病。虽然他身体虚弱，但梦想一直在内心飞扬。同一时期，世界科技发展日新月异，20 世纪 70 年代，信息化浪潮席卷全球，古老的汉字面临一场时空的断裂。在发达国家出版业带着光与电融入信息化大潮的同时，中华大地还在沿用一千多年前发明的活字印刷术，成百上千的科技著作压在出版社等待排版印刷，出版业已然成了阻碍中国科技进步的瓶颈。甚至有人断言，中国的方块字将成为信息时代的包袱！身体的病痛和工作的困境并不能阻挡王选，凭着执着和乐观，他从未后悔自己的选择。

1968 年 12 月，坚持收听英文广播，专注于科研的王选，被扣上“偷听敌台广播”的帽子，被召回北大，进学习班“交代问题”，只被允许周末回家。所幸他心有信念，也有妻子的鼓励和照顾，才度过了艰难岁月。

1974 年 8 月，经周恩来总理批准，中国开始了一项被命名为“748 工程”的科研项目，该项目包含三个子项目：汉字通信、汉字情报检索和汉字精密照排。在王选的坚持下，汉字精密照排项目跳过正在攻关的第二代、第三代照排机，主攻第四代激光照排系统的研制。这在当时是一个令世人震惊的大胆决策，许多人难以理解。所以，方案一宣布，立即招来众多不解和非议，甚至有人认为是“天方夜谭”，斥之为“玩弄骗人的数字游戏”。虽然那时的王选还是印刷界的新兵，但他一直在关注国外照排技术的新发展。更重要的是，项目的巨大价值和技术难度激起了王选攀登科学高峰的无限豪情，所以，尽管顶着巨大的舆论和技术攻关的压力，但王选就是王选，既然做出了决定，就乐观坚定地踏上了第四代汉字激光照排系统的研制之路。

为了研究激光照排技术，他拖着病体，查阅了一百多篇国外科技文献。因为经济条件有限，他甚至为了节省公交费而步行去中国科技情报处查阅外文资料，就连资料复印都很节省，字数不多的就用手抄。就这样，王选凭借一颗追梦的赤子之心，不敢松一口气，几乎放弃了所有节假日，早中晚三个时间段都投入到研究工作中，不断思考，不断论证。在了解了王选的方案后，电子工业部、北京大学、新华社等部门以及协作单位给予他大力支持。最终“748 工程”中汉字精密照排系统的研制任务正式下达给以王选为首的攻关小组。北京大学汉字信息处理技术研究室成立，王选负责整个系统的总体设计和研制工作。

工作在艰难推进，王选进入科研道路最艰难的时期。改革开放后，国外著名厂商大举进入中国，纷纷争夺汉字照排印刷领域这块巨大市场。用户和业内人士大多不看好王选及其团队的国产系统，几家大报和一批出版社、印刷厂先后购买了国外产品。与此同时，一些参与这个项目的研发人员面临写论文、评职称、出国进修等方面的压力，而激光照排项目是繁重的软、硬件工程任务，开发条件差，短期看不到任何名利，研发人员骤减，协作单位退缩，专家论证会也作出了主张引进国外产品的论断。这时，几乎身临绝境的王选没有放弃，而选择在最黑暗的日子里苦苦寻找光明，他和同事们排除万难，逆流而上，不分昼夜，埋头苦干。心有梦想，苦亦为乐，在追求科学创新的道路上，虽充满坎坷，但王选从未抱怨过，而是拼尽全力、用生命推动科学车轮前进。他曾说："献身科学就没有权利再像普通人那样生活，必然会失掉常人所能享受的不少乐趣，但也会得到常人享受不到的很多乐趣。"

1979 年 7 月 27 日，是一个值得全体中国人民记住的日子。这一天，在北大计算机房里，王选带领的团队工作人员用自己研制的激光照排系统，一次成版地输出了一张由各种大小字体组成、版面布局复杂的八开报纸样纸。

王选对汉字在信息时代的生存所做的贡献，如何评价都不为过。在汉字激光照排系统诞生之前，我国花巨资引进的外国照排系统均告失败，质疑方块汉字是否可以生存于信息时代的声音此起彼伏。退一步来说，如果是外国公司突破了汉字处理技术，那么我国将面临印刷市场的全面崩溃，巨额的支出和国家机密的泄露将使国家陷入两难境地。

王选的另一个创新在于，20 世纪 80 年代便开始致力于研究成果的商品化、产业化工作。作为汉字激光照排系统的创始人和技术负责人，王选是一个少有的能把创新技术与市场完美结合的有科学头脑的企业家。在他的努力下，激光照排行业创造了巨大的经济和社会效益。著名的北大方正集团，不但成就了一个利润丰厚的产业，还不断催生新的技术成果。到今天，在全球华人出版印刷领域，方正的招牌如雷贯耳。

王选不仅正直，充满奉献精神，而且睿智，富有创造精神。正是王选在逆境难熬的岁月里选择乐观坚守，执着于自己热爱的崇高事业，才有了今天汉字处理技术的蓬勃发展，也使古老的汉字和中华文明在信息时代再一次焕发出生机与活力。

人物简介：

王选（1937—2006），江苏无锡人，出生于上海，计算机文字信息处理专家，计算机汉字激光照排技术创始人，当代中国印刷业革命的先行者，被称为“汉字激光照排系统之父”，被誉为“有市场眼光的科学家”。王选1991年当选为中国科学院院士，1994年当选为中国工程院院士，2002年获得2001年度国家最高科学技术奖、陈嘉庚科学奖。

知识链接：

汉字激光照排系统是使用新算法储存高分辨率字形、图形发生器和高速字形复原方法使字形复原，使用激光成像技术制作报版，是汉字输出打印的革命性发明。国外的激光照排机之所以不适用于汉字，在于英文只有二十六个字母，而汉字浩如烟海，常用的就有三千至五千个。加之，汉字字形是由以数字信息构成的点阵形式表示的，汉字字体、字数比西方字母多，比如，一个一号字要由八万多个点组成，因此，全部汉字字模的数字化存储量高得惊人。王选院士的创新在于发明了一种字形压缩和快速复原技术，使汉字存储量减少到五百万分之一，大大加快了速度。

历数前生，向死而生

——史铁生

生命就是这样一个过程，一个不断超越自身局限的过程，这就是命运，任何人都是一样，在这过程中我们遭遇痛苦、超越局限，从而感受幸福。所以一切人都是平等的，我们毫不特殊。

1951 年 1 月 4 日，史铁生出生在北京。他从小学习成绩优异，十岁时在作文比赛中夺得第一，中学在清华附中就读，是学校里的尖子生。他体育特别好，尤其擅长 80 米跨栏，只要有他参加的比赛，第一名肯定就是他，是名副其实的“小飞人”。那时，他最喜欢并且羡慕的人是号称“飞毛腿”的世界超级田径巨星卡尔·刘易斯。史铁生说他最爱的是田径，其次才是文学。

1969年，知识青年上山下乡运动开展得轰轰烈烈，十八岁的史铁生响应号召，自愿到陕北延安插队务农。同年4月，他因患腰腿病，返京治疗，两个月治疗后，又回到村里。这时的他，已经不能干体力活了，生产队关照他，安排他担任饲养员，负责放牛喂牛。两年后的一天，史铁生在山里放牛，遭遇暴雨和冰雹，他无处可躲，被暴雨淋了个透心凉。雨停后，史铁生高烧不退，大病一场。史铁生本来以为自己身体强壮，扛一扛就过去了，谁知病情越来越重，不久就被送回北京治疗。这次回京后，他就再没回延安了。命运跟他开了一个巨大的玩笑，他的下肢彻底瘫痪了。那是1972年，他二十一岁，从此开始了三十多年的轮椅时光。

一个热爱田径运动的青年，突然间“失去了双腿”，内心的痛苦可想而知。瘫痪后的最初几年，史铁生的脾气变得暴怒无常，经常把家里的东西砸碎。每当这时，“母亲就悄悄地躲出去，在我看不见的地方偷偷听我的动静。当一切恢复沉寂，她又悄悄地进来。”在《秋天的怀念》里，史铁生这样记述着。母亲的一句嘶吼“咱娘儿俩一块儿，好好儿活，好好儿活……”唤醒了沉沦的他。母亲始终不离不弃地陪伴着他走过那段艰难岁月，逐渐帮他走出瘫痪的阴影。找不到工作、找不到去路的史铁生，却找到了另一个安放灵魂的地方——地坛。他经常摇着轮椅，到那时还人烟稀疏的地坛公园，在那里看书或写作，一待就是大半天。从此，他与地坛结下不解之缘。

瘫痪后的史铁生一边写作，一边找工作。找到工作后，他每天就摇着轮椅到街道工厂去上班，在仿古家具上画画，每月挣十几元钱贴补家用，一干就是七年。

1979 年，由于下肢麻痹、肾功能受到严重破坏，史铁生连正常排尿都是问题，从此只能插着尿管。紧接着，由于每天长时间坐压，血液循环受阻，褥疮开始发作。1986 年，前列腺引起的疼痛，使他不得不停止写作，整天卧床……冬天，他那毫无知觉的腿，经不起严寒，如果冻了，就有坏死的可能；夏天，全身的热量只能从上身排出，额头的痱子从来不断……

就是在这样的环境中，1980 年，他创作的小说《我们的角落》被田壮壮改编成了电视剧，在当时的影视圈引起了不小的惊动；1983 年，他创作的小说《我的遥远的清平湾》获该年度“青年文学奖”和“全国优秀短篇小说奖”；1984 年，他的作品《奶奶的星星》又获该年度“作家文学奖”和“全国优秀短篇小说奖”；他的小说《命若琴弦》还被改编成电影《边走边唱》，经由陈凯歌的精心导演，引起了强烈反响。

1989 年，史铁生遇到了陈希米，两人结为伉俪。陈希米没有嫌弃瘫痪的史铁生，宁愿成为他的双腿。两人相濡以沫，日子虽然清苦，却有声有色。

1991 年，史铁生完成散文《我与地坛》。这部作品是他十五年来，摇着轮椅在地坛思索的结晶，是他充满哲思又极为人性化的代表作，被选入了中学语文课本。

苦难好像还在继续试探史铁生生命的韧度。正当爱情、事业双丰收之际，命运又给了史铁生重重一击。1998年，他的肾病越发严重，最后恶化为尿毒症，每周必须要做三次透析，才能维持生命。他躺在病床上，看殷红的血在体外循环过滤，再循环，再过滤，血一圈一圈又重新回到身体里，每次透析四个半小时，他就看四个半个时。这样的日常，他坚持了整整九年，最后全身的血管都隆起成了蚯蚓状。

史铁生参透了生死病痛，在残酷的命运面前表现得比谁都乐观，他在采访中说：“其实十八年前医生就告诉我，我终有一天要做透析，所以我已经很幸运，因为那个时候透析水平远不如现在，命运对我已经很善待了。”他调侃做透析就像去上班，有时候也会烦，但他想医生、护士天天都要上班，他一周只上三天，比他们好多了。

透析期间，他在轮椅上、病床上用了四年时间，写出了著名的《病隙碎笔》。他在这本书里写道：“发烧了，才知道不发烧的日子多么清爽；咳嗽了，才体会不咳嗽的嗓子多么安详。”刚瘫痪坐到轮椅上时他觉得世界天昏地暗，后来生出褥疮、皮肤溃烂，才觉得轮椅上的日子多么晴朗。后来又患上了尿毒症，做透析做到生不如死，他就更加怀恋起往日时光。他终于醒悟：其实每时每刻我们都是幸运的，因为任何灾难面前都可能再加一个“更”字。他自嘲“我的职业是生病，业余时间写点东西”，这样的幽默听着心酸，但其乐观精神令我们所有人钦佩。

巴尔扎克说过，苦难对于天才是块垫脚石。史铁生把常人难以克服的苦难，统统踩在了脚下，成就了一个文学创作者的传奇。在苦海泛舟的岁月里，史铁生创作了二十余部短篇小说、六部中篇小说、两部长篇小说、十八部随笔散文、两部电影剧本。他思考着生命与死亡、残缺与爱、苦难与信仰等人生课题。那些在病痛中写下的文字，看不出怨怒和愤懑，却带着对命运的冷静思索，传递着宽广深厚的情怀，给我们真实的慰藉和激励，也告诉我们他如何在被摧残的命运面前活出人生的意义。

正如 2002 年华语文学传媒大奖年度杰出成就奖的授奖词所说："史铁生是当代中国最令人敬佩的作家之一。他的写作与他的生命完全同构在了一起，在自己的'写作之夜'，史铁生用残缺的身体，说出了最为健全而丰满的思想。他体验到的是生命的苦难，表达出的却是存在的明朗和欢乐，他睿智的言辞，照亮的反而是我们日益幽暗的内心。"如果仅仅停留在对个人不幸的思考，史铁生最多只是救赎了自己，只能是一种廉价的乐观主义，其伟大之处正在于他超越了伤残者对命运的哀怜和自叹，让更多的人透过他的作品感受到了生命的力量，从而有了直面挫折的勇气和自信。

2010 年 12 月 31 日凌晨，史铁生突发脑出血逝世，享年五十九岁。史铁生立下遗嘱："只要我身上有一样东西，能留下就留下。"陈希米将史铁生身体唯一完好无损的肝脏和眼角膜捐献。史铁生说："希望器官新的主人能帮我继续看看这个美好的世界。”四天后，史铁生的肝脏成功移植给了天津一位肝病患者。这天，是史铁生六十岁的生日。

尊严地生，庄严地死。史铁生坐在轮椅上，历数前生，向死而生，但他却比很多站立的人灵魂更高，身影更长。

人物简介：

史铁生（1951—2010），中国当代著名小说家、散文家，电影编剧，1951年出生于北京，1967年毕业于清华大学附属中学，1969年去延安插队，因双腿瘫痪于1972年回到北京。史铁生历任中国作家协会全国委员会委员、北京作家协会副主席、中国残疾人联合会副主席。他多年来与疾病顽强抗争，在病榻上创作出了大量优秀的、广为人知的文学作品。他的作品多次获得鲁迅文学奖、茅盾文学奖、老舍文学奖等多个重要文学奖项，多部作品被译为日、英、法、德等文字在海外出版。代表作有长篇小说《务虚笔记》、短篇小说《命若琴弦》、散文《我与地坛》等。

知识链接：

《我与地坛》是一篇长篇哲思抒情散文，是史铁生文学作品中充满哲思又极为人性化的代表作之一。其第一段和第二段被纳入人民教育出版社的高一教材。该作品从内容上大致可分为两部分：一至四篇主要写了作者与地坛公园的“缘起”和在地坛的“所见”，以讲故事的方式呈现世间百态，人情冷暖；后三篇则侧重于说理，探寻人生的哲理。该作品是史铁生十五年来摇着轮椅在地坛思索的结晶，散文中饱含作者对人生的种种感悟，对亲情的深情讴歌。地坛只是一个载体，而《我与地坛》更像是史铁生的人生缩影，见证了他的思想从稚嫩到成熟的历程。

以笑容直面痛苦，用毅力挑战命运

——张海迪

我是一个有理想的人，不愿意一生无所作为，做一个无聊的人。不多学些东西，我就不舒服。我愿把我的一生献给我喜爱的事业。我的腿虽然不好，可是多年我一直是那样的乐观，对美好的生活充满激情。

对有的人而言，生活或许普通，笑容总不能常伴，好似总有摆不脱的烦恼，总有逃不掉的痛苦，最终，他们将之归于命运在作怪。而对于另一些人而言，他们的一生，从一开始就注定了与众不同。然而，不能选择的只是躯壳，灵魂与理想，则应由自己把握。不畏“命运”的嘲弄，与生活握手言和，常葆笑容。她，亦然。

天才都是在痛苦中诞生的

五岁的时候，张海迪因患脊髓血管瘤而高位截瘫。这意味着她一生都将与轮椅相伴。与那些在蓝天下奔跑嬉戏的同龄孩子相比，她的人生注定是艰难却不凡的。

青年时期的张海迪没有机会走进校园，但在病榻上学完了小学、中学的全部课程，自学了大学英语、日语、德语以及世界语，并攻读了大学和硕士研究生的课程。“我不能碌碌无为地活着，活着就要学习，就要多为群众做些事情。既然是颗流星，就要把光留给人们，把一切奉献给人民。”有着“当代保尔”称号的张海迪，在病痛的烈火中，把自己淬砺成了一颗最明亮的流星。

1970 年，十五岁的张海迪跟随父母，下放山东莘县。乡下小学没有音乐教师，她就主动到学校教唱歌，给孩子当起了老师。乡里医疗条件落后，她便自学针灸医术，先后读完了《针灸学》《人体解剖学》《内科学》《实用儿科学》等医学书籍。为了体验针感，她在自己身上反复练习扎针。短短的几年，医术精湛、待人友善的她成了当地一个年轻的名医，为乡亲们无偿治疗达一万多人次。后来，张海迪还当过无线电修理工，奔波在为乡民的无私服务中。

1983 年，张海迪开始从事文学创作，先后翻译了《海边诊所》《小米勒旅行记》《丽贝卡在新学校》，创作了《向天空敞开的窗口》《生命的追问》《轮椅上的梦》等一百多万字的作品。1983年3月7日，共青团中央在北京举行命名表彰大会，授予被誉为“八十年代新雷锋”的张海迪同志“优秀共青团员”称号。

疾病是无情而冷酷的，对张海迪而言，身体与心灵上的痛苦从未远离她半步。而这位坐在轮椅上的女性，却以顽强的毅力和积极乐观的心态，用不同的方式，为世人带去了无穷无尽的光和热。

把艰苦的探寻本身当作真正的幸福

“快乐”二字，说起容易，却绝非只是咧嘴露牙、嬉闹喧哗。人们常常为了短暂的快乐而愁苦多时，而对于张海迪，快乐更难。张海迪看上去很快乐，哪怕是在最痛的时候，她也能露出一副灿烂的笑脸。

她说：“有一个脆弱的海迪。像我这样一个残疾女性，身上被弄脏后又无能为力的那种懊恼是你们根本无法想象的。有时我甚至想，没有我多好。有时出差住在高楼，我就去那里往下看一看，我常想，假如我真的这么掉下去了，就什么都结束了，再也不用承受什么痛苦了。我甚至盼望可以安乐死。”

张海迪的身份是作家，但写作的过程是非常痛苦的。长时间坐着让她得了大面积的褥疮，骨头都露出来了，她却依然笔耕不辍。第一次听说自己得了鼻癌，她甚至感到欣喜——这可能会是期待已久的解脱。鼻癌手术在没有麻醉的情况下实施，她能清晰地感觉到，手术刀把自己的鼻腔一点点打开，针从自己皮肤一点点穿过。张海迪说："我最大的快乐是死亡。"但是，她却活了下来。

张海迪说："回过头来想，我的确是个非常顽强的海迪。残疾对于人类来说是个大痛苦，但总是需要有人来咀嚼。我感谢生活给了我一支能说话的笔，它让我去倾诉，去抗争，我不仅活着，而且在写作中放飞了心灵。"

其实，活着才能有机会把黑白色的生活涂抹上更多色彩。心怀感激、乐观生活，生命才能在有限的时光中拓展出无限的宽度和厚度。张海迪写小说，画油画，跳芭蕾，拍电视，唱歌，读硕士……甚至，她很喜欢香水，她活得有滋有味。曾经，有主持人问她，这样坐着是不是很难受，她说："我很痛苦，但我一样可以让别人快乐。"作为政协委员，她的提案是在高校推行无障碍设施。她用自己的思考、文字、话语和行动，让世界把更多的温暖和关爱带到残疾人群体，也让世人都记住了这个在痛苦中播撒大爱的中国女性。

"今天我们的生活依然需要澎湃的激情，一个人有了激情才会热爱生活，才有生活的动力。""一个人要奋斗，内在的力量才是永恒的，总是依靠别人鼓劲是不会长久的。"张海迪的笑容温柔澄净，却总是凝着一股力量，隐约散发出柔和的光芒。幸福的生活远不远？只畏缩在困难的背后找寻借口，自然感受不到自己生命蕴含的力量。

张海迪的成功不是偶然。成为媒体聚光灯下的焦点，成为备受尊崇的女性作家，是对她这么久以来搏击命运、笑对人生的奖赏。许多年过去了，她依然初心不改，她依然目光如炬。她说："当你突然面对那么多的闪光灯、笑声、掌声，调整自己最重要，该做什么还是做什么。我的心始终像一泓碧水，那么蓝，那么深。"

人物简介：

张海迪，1955 年出生，山东文登人，中国著名残疾人作家，哲学硕士，英国约克大学荣誉博士。1983 年，团中央举行命名表彰大会，授予张海迪“优秀共青团员”光荣称号，并作出向她学习的决定。张海迪历任第九、十届全国政协委员。她 2008 年 11 月当选中国残联第五届主席团主席，2013 年 9 月选举连任中国残联第六届主席团主席，2014 年 10 月当选康复国际主席，2016 年 8 月，担任里约残奥会中国代表团团长，2017 年 6 月，获得国际残奥委会主席参选提名。张海迪现任中国残联主席、北京冬奥组委执行主席、中国残奥委会主席。2019 年 1 月，她被评为 2018 年度十大女性新闻人物。

知识链接：

保尔·安德烈耶维奇·柯察金是小说《钢铁是怎样炼成的》中的主人公。他从小家境贫寒，父母均是普通的铁路工人，在保尔五岁时，父亲不幸去世，为维持生计，母亲为人洗衣做饭，他的童年生活十分艰苦。十月革命爆发后，保尔在朋友谢廖沙的影响下加入红军，冲锋陷阵，保家卫国，即使头部中弹仍顽强地活了下来。由于身体情况不能支撑他再走上战场，他便将生活重心转移到祖国的恢复建设工作上。他参加修建铁路的工作，却因此患上了肺炎，从生死线上挣扎活过来却丧失了工作能力。躺在病榻上，他依旧把提高写作水平放在首位。1927 年，保尔已经全身瘫痪，双目失明，握不起笔，就口述，在母亲和邻居的帮助下，他用血与泪筑写的《暴风雨所诞生的》出版了。保尔·柯察金在生活的打压下，仍然保持笑对生活，他不屈而又坚毅的灵魂对张海迪的人生产生了巨大的影响。

春风化雨，润物细无声

——曲建武

我最幸福的事情就是和学生在一起。

大连海事大学有一位“特殊”的辅导员，他已经年近六旬，曾担任过学校党委副书记、辽宁省委高校工委副书记、辽宁省教育厅副厅长，他是二级教授、博士生导师。就在他仕途一帆风顺之时，他却做出了一个令很多人都不太理解的决定——辞官返校，他主动要求辞职，回到大连海事大学，当一名没有任何级别的普普通通的辅导员。他现在已经是同学们口中所喊、心中所念的“曲导”“曲老师”“曲爸爸”。他就是被中共中央宣传部授予“时代楷模”荣誉称号的大连海事大学辅导员、马克思主义学院教师曲建武教授。

曲建武1982年从辽宁师范大学毕业后就留校做了辅导员。从1982年留校当辅导员到2013年辞去厅局级职务回到高校当辅导员，跨过三十余年，曲建武的事业轨迹似乎又回到了原点。他辞职的举动令大多数人不理解，也有好心人“劝说”，但他却不曾有一丁点的动摇，因为他做出这个选择并不是突发奇想，而是酝酿已久。曲建武在担任学校党委副书记、辽宁省委高校工委副书记、辽宁省教育厅副厅长的时候，虽然他始终都是在思想政治教育工作的田地里耕耘，但是随着他的“台阶”越来越高，离他最牵挂的人也越来越远。“今年我五十六岁，正好可以带一届学生，再迟就来不及了！”曲建武回到教育一线的心情迫切，“青年代表着未来，代表着希望，无论我在什么位置上，想的都是回到学生当中，在辅导员的岗位上，画上人生的句号。”2013年，曲建武终于回到了他心心念念的辅导员岗位，对曲建武来说，最幸福的事就是和学生们在一起。

留校做辅导员，是曲建武毕业时做出的第一选择，这也是他梦寐以求的职业和矢志不渝的理想。促成他做出这一选择的是在他大二时候发生的一件事情：一位女生因为失恋自杀。曲建武认为如果能够早点发现这位女生的问题并对她进行及时开导，那么这个年轻的生命将不会在花样年华中匆匆凋零。从那时起，他就萌发了留校当辅导员的念头。

三十多年，他迈着坚定的步伐，一直坚强地行走在大学生思想政治教育这片田野上，纵使岁月在他的鬓发间添上微霜，但始终未能撼动他的初心，这是他的人生选择，也是他对幸福的理解。他像冬日暖阳，温暖着每一位学生，用乐观主义精神守护、引导着每一个学生。

曲建武一直都是一个积极面对生活、乐观向上的人。他从小家境贫寒，但他通过自己的努力奋斗，考上了大学，在大学里除了认真学习，他还非常注重锻炼身体。年轻时，他就曾是辽宁师范大学万米长跑纪录的创造者，直到五十八岁，他还能在大连海事大学举办的网球比赛中连打六盘，并获得冠军。1983 年，正值老山战役，曲建武给中央军委写信，主动申请去老山前线，他在信中写到“我家兄弟姊妹七个，死了我一个无所谓”，但没有成行。几十年过去，曲建武回顾起往事，总是说道：“当年如果去了，很可能就成了‘高山下的花环’。烈士们把生命都献给祖国了，我还有什么放不下、想不开的，我现在已经非常满足了。”

就连面对疾病和死亡，曲建武也始终保持着乐观的心态。2005 年年初，曲建武头皮下长过一个瘤，为了不影响工作，他没有去医院检查。直到瘤长到鸡蛋大小，压迫神经、无法睡眠，他才到医院检查，化验结果是恶性肿瘤。面对噩耗，他并未害怕与退缩，他乐观地面对病情，不把病情放在心上，心里装得最多的就是学生。他不肯浪费时间在化疗上，拒绝了医生对他进行植皮、化疗、放疗的治疗建议，在刀口还没有完全愈合的情况下就出院了。他缠着绷带、戴着帽子参加了全省大学生纪念“一二·九”运动大会。他对辅导员们说，一定要爱自己的学生；嘱咐大学生们好好学习，报效祖国。面对学生的那一刻，他知道自己的心属于学生。

辅导员工作在许多人心目中并不起眼，但在曲建武的眼里，这个工作太重要了。他认为，好的辅导员可以帮学生把握人生成长的方向，他也正是用自己的乐观主义精神影响着每一个学生。

为了更好地了解学生，和学生进行深入的交流，曲建武开通了微信、微博，四年里，累计为学生发送微信、短信达八万余字。在这里，他将对乐观主义的理解认真写下，发送给每一位需要的同学。他曾对残疾的同学写到“世界为你关上了门，你却可以打开窗”“你或许无法自由地奔跑，但是你却可以让梦想展翅高飞”，也曾对受挫的同学写到“开放在杂草中的花朵格外鲜艳”“风雪弥漫的夜晚不能阻挡黎明的来临”，他曾激励家庭贫困的同学“勇敢和坚强会带你走出贫困”，也曾告诫恋爱中的同学“失恋了千万不要自杀”。曲建武用“明天在你手里，怎么过你说了算”“生活需要抱有乐观的心态”“发挥你最大的潜能就好”等无数条通俗易懂的话语结合自己的人生阅历循循善诱，引导学生积极面对生活，正确面对挫折和困难，激励学生保持乐观向上的心态，树立远大的理想，克服困难，奋发图强。

除了言语上的鼓励和引导，曲建武一直用实际行动来帮助每一位学生树立起乐观主义精神。尽最大努力帮助困难学生是曲建武的一项重点工作。

闫同学是名来自西北山区的男生，入校后总是愁眉不展。曲建武约他单独聊天、吃饭，对他格外关心。第一学期寒假，曲建武从海滨大连来到闫同学家。进到摇摇欲坠的土坯房，他当即决定自己出五万元，为学生家翻修房子。他还用自己的经历鼓励闫同学："我兄妹七个，小时候家里光景比你还差，饭都吃不饱。你现在尽管安心学习，其他事老师帮你想办法！"闫同学的"心病"解除了，变成了一个自信阳光的大男孩。像闫同学这样得到曲建武资助的学生还有很多，几年来，曲建武个人以及他多方筹集来的资金累计达二十多万元,全部用于资助学生的学习和生活。曲建武像父亲一样，成为困难学生的坚实靠山。曲建武说："我不是因为学生家庭困难而帮助他们，我是想以情动人，不让他们因贫穷而产生心理问题，我要帮助他们树立正确的价值观、拨正人生的航向。"

无私奉献，待生如子，给学生春天般的温暖，是一名辅导员、一位好老师应当追求的目标。曲建武犹如一名父亲，热爱自己的每一个学生，为每一个学生解决生活困难和精神困惑，让无数学生消融了心头的冰雪。从起点回到原点，用"教师—官员—教师"的别样人生，谱写一曲令人景仰的园丁之歌，曲建武始终用乐观主义精神鼓舞着每一位学生，引导他们树立坚定的理想信念以及乐观积极的人生态度。

人物简介：

曲建武，1957年7月生，中共党员。曲建武现任大连海事大学马克思主义学院教师，辽宁省思想政治理论教学研究会顾问，教育部思想道德修养与法律基础课教学指导委员会副主任委员，国家哲学社会科学基金评审委员。他曾荣获“全国师德标兵”“全国高校辅导员年度人物”等荣誉称号。

知识链接：

曲建武认为在新时代一支职业化、专业化的辅导员队伍需要具备以下素质：一是政治要强，让有信仰的人讲信仰，善于从政治上看问题，在大是大非面前保持政治清醒，帮助学生树立坚定的信仰；二是情怀要深，心里装着国家和民族，在党和人民的伟大实践中关注时代、关注社会，汲取养分、丰富思想；三是思维要新，学会辩证唯物主义和历史唯物主义，创新课堂教学，给学生深刻的学习体验，引导学生树立正确的理想信念、学会正确的思维方法；四是视野要广，有知识视野、国际视野、历史视野，通过生动、深入、具体的纵横比较，把一些道理讲明白、讲清楚；五是自律要严，做到课上课下一致、网上网下一致，自觉弘扬主旋律，积极传递正能量；六是人格要正，有人格，才有吸引力，亲其师，才能信其道，要有堂堂正正的人格，用高尚的人格感染学生，用真理的力量感召学生，以深厚的理论功底赢得学生，自觉做为学为人的表率，做让学生喜爱的人。

赶路在太行山上的新愚公

——李保国

你的幸福我包了！

他既是能上三尺讲台传道授业的大学教授，也是能下田间地头默默耕耘的普通农民；他既是能带领千家万户脱贫致富的科技财神，也是能三十余年如一日无私奉献的太行山新愚公。他，就是我国知名经济林专家、河北农业大学教授李保国。

李保国教授 1981 年大学毕业后留校任教，主要从事山区开发与经济林栽培技术推广工作。三十多年来，他扎根太行山区，先后完成山区开发研究成果二十八项，建立了太行山板栗集约栽培、优质无公害苹果栽培、绿色核桃栽培等技术体系，培育出多个全国知名品牌，累计带动贫困山区增收数十亿元、十万群众摆脱贫困，走出了一条经济效益、社会效益、生态效益同步提升的扶贫新路。

三十多年来，李保国的足迹遍布太行山区所有县，尽管常年不规律的生活与超负荷的工作，使得李保国的健康每况愈下，但他却从未停止自己的脚步。2016 年 4 月 10 日这一天传来了噩耗，李保国教授突发心脏病不幸去世，年仅五十八岁。他匆忙的身影、他从未停止的脚步在这一天永远定格于莽莽太行，永远留在了太行百姓的心中。

数十年如一日，李保国始终心系群众、扎实苦干，奋发作为、无私奉献，始终奋战在科技兴农、扶贫攻坚和教书育人第一线。作为知识分子、大学教授，他不以躲在象牙塔享清福为乐，偏偏去做别人不愿做、不敢做的苦差事。李保国走遍太行山的田间地头，当农民，干农活，指导农民科技致富，充分发扬以苦为乐、敬业乐业的革命乐观主义精神，以个人的“苦”去换取千家万户的“乐”。

以苦为乐、敬业乐业的革命乐观主义精神在李保国的一生都有体现。他说：“我是农民的儿子，见不得穷。”1981 年，李保国从河北林业专科学校毕业，并留校任教。没过多久，李保国报名参加了河北省委、省政府组织开展的太行山综合开发研究，走进了太行山，来到了邢台县前南峪村，投身小流域立体开发项目中。这个从武邑县一个普通农民家庭走出来的大学生苦读之后又回到农村，不同于他人，李保国心中并未曾有一丝一毫的失落，他说：“我学的东西，只有农村用得着啊。”他早已为自己的人生画好了行走的路线。面对其他人所认为的恶劣条件，李保国乐于回到农村，乐于为农村的发展奉献自己的力量。

乐观主义精神一直支持着李保国踏遍太行山的每一块土地。为了解决太行山低山区土壤瘠薄、干旱缺水、造林成活率低、年年造林不见林的重大难题，1981年，李保国与同样从事林业课题研究的妻子带着刚满四岁的儿子一头扎进了山沟沟。面对恶劣的山区环境，面对巨大的生活压力，李保国一直保持乐观，很容易满足，他说：“我们踏遍了所有的山头地块，获取了第一手详尽的数据资料。常常是早上五点起床上山，晚上七八点钟才返回。山里条件差，上山带几个馒头一瓶水就很满足了，夜里甚至只能点柴油灯。”谁知道，这一待，就是十五年。这十五年，他们用理论和技术使前南峪的树木栽植成活率从原来的10%一跃达到了90%，在干旱山地种上了苹果、板栗、核桃等高效经济林木，使穷山村成为太行山区一颗璀璨的明珠，并获得联合国“全球环境保护五百佳”提名奖。

解决了前南峪村的贫困问题，李保国并没有停止他的脚步，他坚信通过自己的努力可以改变更多太行山农村的贫困面貌，并始终保持乐观的态度。“我得去别的地方，别的山里了。你知道我的脾气，我是哪儿穷往哪儿钻，哪儿穷往哪儿跑。”在前南峪村百姓过上好日子后，李保国这样对前南峪村党支部书记郭成志说。

1996 年 8 月，邢台市内丘县岗底村遭受了一场突如其来的洪灾，洪水冲毁了内丘县岗底村二百多亩的保命田，山上果树也遭受不同程度的损害，村民们哭着说“这日子没法过了”。山秃、人穷、观念旧，村民们的现状令河北省科技救灾组成员的李保国感到揪心。他毅然把家搬到了岗底村，住进了岗底村村委会几平方米的办公室里，这一住就是二十多年。

乐观主义精神在李保国面对山区“旱、薄、蚀、穷、低”的困难局面时表现得尤为显著。面对这些困难，李保国没有犹豫和退缩，他常鼓励大家：“太行老区革命年代牺牲了多少人，他们图什么，不就图让人民过上好日子吗？先辈们流血都不怕。咱们流点汗算什么？”

在岗底村的二十多年，他每年都有二百多天吃住在岗底村。他白天钻果园查看情况，晚上上山用黑光灯测报虫情，夜间分析研究解决方案，开发了富岗苹果生产的一百二十八道工序，实现了优质无公害苹果生产的标准化，使富岗苹果卖出了品牌、卖出了价格，也让岗底村的村民感受到了科技致富的力量，村民的人均年收入已经从不足 80 元跃升至 2.9 万元。如今，富岗苹果连锁基地发展到太行山和燕山 11 个县（市）369 个村，带动七万多农民走上致富路。

除了前南峪村和岗底村，三十余年来，李保国的足迹遍布太行山扶贫基地现场，他的交通工具囊括了火车、汽车、拖拉机、摩托车、自行车等，他一年中有二百多天奔波在扶贫一线。1999 年，李保国来到了临城县城北的狐子沟，这里是最难开发的太行山干旱丘陵岗地。他带领课题组成员确立开发策略，选种了早实薄皮核桃，经过十年时间，使过去的荒岗变成了“摇钱树”，培育出全国知名的“绿岭”核桃。2009 年，他又来到平山县葫芦峪，指导治理荒山三万多亩，创立了我国山区现代农业产业园区建设的典范……

几十年来，李保国从未抱怨过工作，一直保持着积极乐观的态度，就连因为常年工作带来的疾病和即将面对的死亡，李保国仍然保持着乐观的心态。

常年往山里跑，不规律的生活与超负荷的工作，使李保国的健康每况愈下。1998 年，他患上了糖尿病，2007 年，被确诊为疲劳性冠心病，经北京多家权威医院诊断为血管弥漫性堵塞，已无法进行常规支架或搭桥手术，只能多休息、保守治疗。但他一直保持积极乐观的态度，始终闲不下来，甚至戏言：让我干下去吧，万一有一天我严重发病，缓得过来就缓，缓不过来就算了……因为食欲减弱，春节后短短两个月时间，李保国的体重下降了十多斤。大家都劝他去医院看看，但他却总推托说没时间，还戏称饭量减小是“低能耗高效率”。

尽管如此，李保国奔劳的脚步依旧没有停下，从 2016 年 1 月到他去世的 101 天里，外出时间长达 62 天，行程 7860 公里，石家庄、承德、张家口、秦皇岛、唐山、保定、邢台都留下了他的足迹。2016 年 4 月 10 日凌晨 4 时，李保国心脏病复发，经抢救无效，不幸去世，年仅五十八岁。就在去世的前一天，他还在石家庄主持了河北省山区苹果、核桃、特色杂果产业技术创新与示范体系建设三个项目的验收会。

李保国扎根太行山的三十余年来，无数的山区百姓托他的福富了起来，摆脱了贫困。李保国一年四处奔波，经常无偿为农民服务，免费为农民讲技术、做示范，免费将自己的专利给当地农民和企业，有时甚至还要贴上自己的课题经费，只为让农民过上好日子，让农村富裕起来。李保国对吃、穿没要求，对钱不感兴趣，觉得自己每月八九千元工资花不完，他说："不就吃药花点钱吗？平时去山里，人家还管饭呢。"他的妻子郭素萍说："他就愿意做自己喜欢做的事情，要求很低，他的幸福指数很高。"李保国曾自豪地说："这辈子最过瘾的就是干了两件事，一是把我变成了农民，二是把越来越多的农民变成了我。"

2016 年 6 月，李保国被追授为"全国优秀共产党员"。习近平总书记对他的先进事迹作出重要批示，指出："李保国同志 35 年如一日，坚持全心全意为人民服务的宗旨，长期奋战在扶贫攻坚和科技创新第一线，把毕生精力投入到山区生态建设和科技富民事业之中，用自己的模范行动彰显了共产党员的优秀品格，事迹感人至深。李保国同志堪称新时期共产党人的楷模，知识分子的优秀代表，太行山上的新愚公。广大党员、干部和教育、科技工作者要学习李保国同志心系群众、扎实苦干、奋发作为、无私奉献的高尚精神，自觉为人民服务、为人民造福，努力做出无愧于时代的业绩。"

人物简介：

李保国（1958—2016），中共党员，河北省武邑县人，中国知名经济林专家、山区治理专家。1981 年李保国毕业于河北林业专科学校，2005 年 1 月获得中南林学院森林培育学博士学位。李保国是全国先进工作者，全国优秀科技特派员，时代楷模，燕赵楷模，省管专家，河北省科学技术突出贡献奖获得者，河北农业大学二级教授、博士生导师。

知识链接：

李保国参与开发的聚集土壤、聚集径流的“两聚”造林，使邢台前南峪森林覆盖率达到 90.7%，植被覆盖率达到 94.6%。

太行山区土层薄，可采取把 3 至 8 米宽的土层聚集到 1 至 2 米的沟槽里，相应的径流也聚集到这么宽的沟里集中使用，使荒山长出植被，为荒山的植被生长创造较好的条件。根据这个理论，按照隔坡沟状梯田方式，岗底村对上千亩山场进行了整治，形成一个个外面高里面低的小缓坡梯田，梯田之间有 3 至 8 米宽的坡面，用以保持稳定性，降雨时在坡面形成的径流可以流到下一个梯田中，这样既保住了土，又保存了水。

这种治山模式被三次来村考察的德国经济学家鲁道夫称为“岗底模式”。1996 年 8 月 3 日至 5 日，太行山南部普降 500 毫米以上的大雨，造成严重的洪涝灾害，唯有岗底村从山上留下来的竟是涓涓清流，治山效果可见一斑。

守岛就是守家，国安才能家宁

——王继才

守岛就是守国，遇到天大的困难，也一定要把岛守好！

开山岛位于我国黄海前哨，距离燕尾港 12 海里，面积仅 0.013 平方公里，但战略位置十分重要，1939 年日军攻占连云港就是以此为跳板。1985 年部队撤防后，在此设立民兵哨所。当时岛上无电、无淡水、无居民，除了几排空荡荡的营房便只剩下肆虐的海风。灌云县人武部曾先后派出十多个民兵守岛，但最长的只待了十三天。1986 年 7 月，人武部政委找到王继才，他毫不犹豫接受了任务，瞒着家人上了岛。在王继才上岛后的第四十八天，

他的妻子王仕花来到岛上。看着胡子拉碴的丈夫，她的眼泪夺眶而出：“别人不守，咱也不守，回家去吧！”王继才对妻子说：“你回吧，我决定留下！守岛就是守家，国安才能家安。”没想到，几天后王仕花辞掉了小学教师工作，把两岁的女儿托付给老人，上岛与丈夫一起守岛，这一守就是三十二年。

王继才说，上岛前，家里人以及亲邻，几乎没有一个支持他的。村里的老人说，开山岛，那么远，在海上那么孤零零的一个小岛，坐船要一个多小时，那荒岛上什么都没有，而且海上经常刮台风，船只根本都靠不上去。去了那里就等于去坐“水牢”了。“当时，我是自愿要去守岛的，组织已经考察过了，领导说，岛上必须得有人去守，我也答应了领导，答应了就要做到。”王继才毅然带着食物、衣服等必需品上了岛。

守岛还要守贫，王继才夫妻俩在岛上每年工资3700元，1995年建了灯塔，又增加了2000元守护费。上有老母亲，下有三个子女，这点钱很难维持全家的最低开销。王继才、王仕花夫妇的衣服，每件都得穿上个十年八载。为了节省，夏天，王继才在岛上很少穿鞋，光脚赤膊干活。别人家里有存款单，王继才家里有欠账单。大女儿结婚时没买一件像样的嫁妆，儿子考大学贷款三万元还没还清，修建房屋的六万元是姐姐垫付的，唯一的一台老式电视机，还得陆上和岛上两头用。为了生计，夫妻俩干起了最苦的活，每年春夏秋三季，双腿泡在海水中，捕鱼摸虾，捡贝类，铲海蛎，放蟹笼，大点的托渔船捎回港口去卖，小点的才自己解解馋，这样一年有个三五千元的“外快”，补贴家用。艰难困苦，玉汝于成。尽管生活艰苦，但他迎难而上、担当尽责，保持风雨无阻、顽强斗争的心态，让光秃的海岛瓜果飘香，黄海前哨坚如磐石。

丈夫是哨所所长，妻子是哨员，两个人像一支队伍，一起劳动、巡逻、观天象、护航标、写日志……每天早上五点，夫妻俩就准时在岛上举行两个人的升旗仪式。王继才当升旗手，王仕花庄重敬礼。在王继才心里，这里是祖国的东门，必须升起国旗。迎风飘扬的五星红旗如一盏灯，既照来路，也照归途。进出海的船路过开山岛，都会主动鸣笛，既是和夫妇俩打招呼，更是向国旗致敬。岛上风大、湿度大、太阳照射强烈，国旗很容易褪色破损，守岛三十二年，夫妻俩自己掏钱买了三百多面国旗。来的时候，王继才二十七岁，王仕花二十五岁，三十几年过去，两人都已长出白发，他们被人们亲切地称为“开山岛上的夫妻哨”。

1995 年春节前后，台风连续刮了十七天，粮没了，炊断了，全家人吃生牡蛎充饥。八岁的小志国撒的尿都是乳白色的，哭闹着要吃米饭，被父亲狠心揍了一顿。王仕花心里的苦说不出，只得擦一把眼泪，一手搂住小志国，默默抓了牡蛎放到自己嘴里嚼，等腥臭味嚼没了，再喂到孩子嘴里。到了第九个年头，家里更困难了：父母年迈、孩子上学，经济拮据，王继才盘算着上岸多挣点钱，照顾家人。他想找老政委王长杰说明情况，可一找却找到了医院里——老政委身患绝症住院。请辞的话还没出口，老政委拉起他的手：“继才，开山岛由你来守，我就是走了，也放心了。”王继才心头一热，肚子里的话来回转了几圈，又咽了回去。他敬了个军礼，说道：“您放心，无论遇到什么困难，我一定把岛守好，直到守不动为止！”

坚守何其艰难！

缺补给，王继才夫妇过了十多年半饥半饱的日子；没有电，他们点了二十多年煤油灯；没淡水，他们喝了三十多年雨水。雨水里有寄生虫怎么办？他们往水窖里放了一群泥鳅吃虫子。泥鳅吃完又吐出去的水，就是两个人的命。

2003 年 10 月 10 日，灌云县人武部为王继才一个人举行了入党宣誓仪式。面对党旗，举起右拳，他庄严宣誓：“对党忠诚，积极工作，为共产主义奋斗终身，随时准备为党和人民牺牲一切，永不叛党。”

在王继才的心里，守岛已经从“有期限的任务”变成了“终生的使命”。四十三岁的王继才再次承诺：“守岛就是守国，遇到天大的困难，也一定要把岛守好！”三十二年，灌云县人武部的部长换了九个，政委换了七个；当年从岛上撤下的军人和民兵们，在各行各业收获各自的人生精彩，而王继才夫妇却始终像钉子一样钉在同一个地方，相当于连续度过了十六个义务兵役期。随着年龄的增长，他们越来越觉得自己离不开这座岛。后来，小岛上多了气象仪、水文仪这些监测设备，这需要做日常维护、紧急抢修。王继才意识到，开山岛也离不开他们了。为了守岛，王继才错过了女儿的婚礼，错过了外孙的出生，错过了与老父亲的最后一面……在大女儿王苏印象中，父亲最常说的一句话是："岛是国家的，我走了，岛怎么办？"

和平年代，看似枯燥乏味的坚守，恰恰是对祖国的忠诚。三十二年里，一种朴素而顽强的信念，一种对国土的热爱与眷恋，使得王继才三十二年如一日在一个岛上奉献出自己珍贵的青春年华乃至生命。王继才用一个民的本分，完成了兵的责任。在他心中，岛小，却关系国家尊严。在守岛和个人生活之间、国家和小家之间，王继才选择了把自己的一生投入到守家卫国的大义之中，用无怨无悔的坚守和付出，在平凡的岗位上书写了不平凡的人生华章。

因为这份坚守，王继才多次荣获省市县"国防工程先进管护员""劳动模范""先进工作者"等殊荣。2011 年"八一"前夕，王继才受到了原南京军区的通报嘉奖；2014 年，王继才夫妇被评为全国"时代楷模"；2018 年，王继才被江苏省公示为"改革开放 40 年先进个人"；2018 年 8 月 17 日，江苏省政府根据《烈士褒扬条例》评定王继才同志为烈士。同时，王继才被评为"感动中国 2018 年度人物"以及"全国优秀共产党员"。2019 年 9 月 17 日，国家主席习近平签署主席令，授予王继才"人民楷模"国家荣誉称号。2019 年 9 月 25 日，王继才获"最美奋斗者"称号。

三十二年来，王继才始终抱着"守岛就是守家，国安才能家宁"的坚定信念，历尽艰辛，排除万难，坚守方寸孤岛，为国守护海疆，把人生最美好的年华奉献给了祖国海防事业。斯人虽逝，精神永驻。如今的开山岛不仅是黄海中的一个地理坐标，更是一座彰显新时代奋斗者价值追求的精神丰碑。以奋斗之名，新时代的中国故事，每个中国人都是主角，每个人心中都有一座“开山岛”，守好这座岛，就一定能在实现中华民族伟大复兴的征程中，书写不平凡的人生华章。

人物简介：

王继才（1960—2018），出生于江苏省连云港市灌云县，2003年10月加入中国共产党，曾任江苏省灌云县开山岛民兵哨所所长、开山岛村党支部书记。自1986年7月起，王继才和妻子王仕花两人克服常人难以想象的困难，守卫孤岛整整三十二个年头。2018年7月27日，王继才在执勤时突发疾病，经抢救无效去世，年仅五十八岁。

知识链接：

开山岛位于我国黄海前哨，被誉为“海上布达拉宫”。开山岛位于灌河入海口处，外形呈馒头状，海拔36.4米，总面积1.5万平方米。全岛由黑褐色的岸石组成，属基岩岛屿，怪石嶙峋，陡峭险峻。岛上无树林、泥土，亦无淡水水源，野草丛生，海风呼啸，人迹罕至。开山岛归江苏省连云港市灌云县管辖，是一个国防战略岛，对于我国海防国防意义重大。

在高原播撒“希望的种子”

——钟扬

不是杰出者才做梦，而是善梦者才杰出。

他是“只要国家需要、人类需要，再艰苦的科研也要做！别人不愿去，我们必须去！”的“科学怪人”。为了一粒种子的未来使命，他果断辞官从教，扎根西藏的十六年里不断出现的高原反应、泥石流、塌方、翻车都不能阻止这位“钟大胆”的脚步。乐观开朗的他总是微笑着说：“不能因为高原反应我们就怕了是吧，科学研究本身就是对人类的挑战。”无数次前往无人区的行驶途中，钟扬在常人无法忍受的后备厢里呼呼大睡，哪怕心脏的平均心跳只有四十几次，他却说："高原反应的危害要五年到十年后才显现，我有一种紧迫感，希望老天再给我十年时间，让我把高原种子和西藏的工作继续做下去。"

"世间有多少玲珑的花儿，出没于雕梁画栋，唯有那孤傲的藏波罗花，在高山砾石间绽放。"这是扎西次仁完成博士论文的时候，老师钟扬特别为他朗诵的藏语诗。钟扬始终保持着乐观的心态，坚定地相信梦想总会实现，他对人类的未来充满了信心和希望。保存种质资源，为西部建设培养一批生态学人才，他为国家和人类留下希望的种子。他就像这高原的藏波罗花，把自己最宝贵的时光献给了祖国最需要的地方，成为高原上的精神坐标，留下了震撼人心的精神力量。

拔尖少年 立志报国

钟扬的童年和少年时光过得十分充实。天生求知欲很强的钟扬，求知若渴，而师范大学毕业的父母为钟扬打开了知识的大门，从活字印刷到医圣李时珍，从地质学到历史学，从《毛主席语录》到《故事大王》，夫妻俩利用所有的机会，为钟扬提供更丰富的知识内容。在这所有的信息当中，钟扬最钟情的、最爱向周围人讲的莫过于革命故事，在父母的引导鼓励下，他从小便树立了做拔尖人才、建设家乡、报效祖国的理想。聪颖过人的他十五岁便考进中国科学技术大学少年班，毕业后他从零开始学习植物学，运用跨学科的专业知识在国内没有人进入的生物信息学领域开垦了绿洲。

辞官从教 从零重启

钟扬天资聪颖又刻苦学习，在中国科学院武汉植物研究所工作期间，他还在日本综合研究大学院大学攻读生物系统科学，获博士学位，在美国加州大学伯克利分校和密歇根州立大学从事合作研究四年。钟扬三十三岁就担任了中国科学院武汉植物研究所副所长，可是此时他却作出了一个出人意料的决定：他告别了年迈的父母，辞掉了中科院武汉植物研究所的工作，到复旦大学当教师。他说："我一生所眷恋的就是做一名普通老师，潜心学术，教书育人。"他把全部的心思扑在学生身上，精心培养学生。乐观风趣的钟扬到达复旦大学的第一晚便带着学生一头扎进了实验室。有他的地方，笑声回荡，故事不断，段子不绝，从总结"新四不像"的科研精神到《简明生物信息学》的出版都是他带领学生们不断进步的点滴故事。他讲的生物信息学课程非常受欢迎，学生们都受益匪浅。他将一名患肌无力的学生收入门下，鼓励他，帮助他，如今这名学生成了中国科学院的科研人员。义务科普，钟扬一做就是十七年，他举办了三十余场生动有趣的公益科普讲座，翻译、撰写、审校十余本科普书，就连他的实验室也一直对中小学生开放，他是名副其实的科普达人。

教书第二年，他开始青藏高原物种研究，也把教育情结带到了那里。

他乐观豁达，从不抱怨和批评，是师生们的坚强后盾。西藏大学钟扬的宿舍，只要他在，这里就是他和学生、老师一起聚会、工作的地方。为了方便工作，他自掏腰包八万元帮助学生买了车；他为家住震区的学生一次捐了一万元；为帮助学生开阔视野，他个人出资发起“西藏大学学生走出雪域看内地”活动，先后组织八十名西藏学生去上海学习；鼓励西藏大学教师申报国家项目，并义务修改申请书，自己出资为申报的老师提供补助两千元，前前后后他用于扶持的钱共有几十万元，而陪伴他的是那条在地摊上花二十九元买的缝了又补的牛仔裤和对妻子说的那句“十五岁后孩子交给我”的永远承诺。近十年来，他培养了藏族第一个植物学博士，带出了西藏第一个生物学教育创新团队。他是全国第六、第七、第八批援藏干部。他帮助西藏大学完成好几项第一：第一个国家自然科学基金项目，第一个生态学硕士点、博士点，帮助西藏大学将生物多样性研究成果推向世界。他的爱和所有，给了学生，给了西藏，给了国家，给了人类。

小种子 大梦想

“我独自远航，为了那些梦想。我坚信，一个基因可以为一个国家带来希望，一粒种子可以造福万千苍生。”在青藏高原，有近六千个能结种子的高等植物物种，其中两千种是青藏高原特有植物，但由于气候变暖，环境破坏，一些植物正在消失，抢救性收集记录迫在眉睫。种质资源事关国家生态安全，事关整个人类未来。如何把青藏高原这个最大的生物“基因库”真正建立起来，是钟扬执着努力很多年的科研目标。十几年来，钟扬带领他的学生，收集上千种植物的四千多万颗种子，填补了世界种质资源库没有西藏种子的空白。他们将全世界仅存于西藏的三万多棵巨柏登记在册；在海拔 6100 米以上的珠峰北坡，采集到鼠曲雪兔子这样的植物样品，这意味着可以通过分子生物学分析，揭示它的种群来源和动态，探索它和全球气候变暖的关系；经过十年努力，他们在西藏海拔 4150 米的“无人区”最终寻获了有着“植物界小白鼠”称号的模式生物拟南芥。钟扬说，拟南芥在植物学界是真正的“希望的种子”。

他说：“任何生命都有其结束的一天，但我毫不畏惧，因为我的学生会将科学探索之路延续，而我们采集的种子，也许会在几百年后的某一天生根发芽，到那时不知会完成多少人的梦想。”他的乐观主义精神像冬日里的暖阳，温暖了自己，也照耀着他人。风华五三秋，他为科学而生、为事业而生、为理想而生。他的人生，属于科学，属于国家，属于人类。

人物简介：

钟扬（1964—2017），湖南邵阳人，生前是复旦大学生命科学学院教授、博士生导师。他长期致力于生物多样性研究和保护，率领团队在青藏高原为国家种质库收集了数千万颗植物种子；他艰苦援藏十六年，足迹遍布西藏最偏远、最艰苦的地区，收集了上千种植物的四千多万粒种子，填补了世界种质资源库没有西藏种子的空白；他为西部少数民族地区的人才培养、学科建设和科学研究作出了重要贡献。2017年9月25日，钟扬在赴内蒙古为民族干部授课途中遭遇车祸，不幸逝世，年仅五十三岁。2018年3月29日，中宣部追授钟扬“时代楷模”称号。钟扬2018年6月获得“全国优秀共产党员”称号；2019年2月，获得“感动中国2018年度人物”荣誉。

知识链接：

拟南芥（Arabidopsis thaliana），又名阿拉伯芥、鼠耳芥、阿拉伯草，是一种原生于欧亚大陆的小型开花植物。拟南芥，一株普通无比的路边杂草，却因其强大的生命力、微小的体型、微小的基因组以及广泛的分布而被植物学家比为“植物中的果蝇”。拟南芥作为一种模式生物，被广泛地应用于植物遗传学、细胞生物学、分子生物学，以及群体进化学等方面的研究中。它是植物科学研究的“金标准”，是一把打开新世界大门的“万能钥匙”。十六年如一日，钟扬带领自己的团队在青藏高原发现了这把打开生命奥秘大门的“万能钥匙”。今天，拟南芥被栽种在钟扬位于西藏大学安置房的后院中，并被做成标本带回了复旦大学。

与时俱进的蓝领工匠

——张黎明

电力抢修是雪中送炭、救人危急的事，干着光荣。

张黎明是国家电网天津市电力公司滨海供电分公司运维检修部的一名工人。他三十余年如一日，累计巡线八万多公里，亲手绘制抢修线路图一千五百多张，完成故障抢修作业近两万次，是配电抢修一线的“活地图”和“急先锋”。作为蓝领创客，他精益求精，执着创新，带领团队累计为公司产生直接经济效益近十亿元。他以对党的无限忠诚、对事业的坚定执着、对百姓的绵厚深情阐释了一位电力工人的乐观主义情怀，书写了一名共产党员的时代价值。

在远离市区的地方，总会看到连片的高压输电线路，它们像一个个光明使者联手给万家点亮灯火。但受天气、季节及其他不可控的因素干扰，光明使者偶尔也会暗淡，此时，电力抢修工人便是再次点亮光明的人。“这是（电压等级）22 万伏的，这个塔是 50 万伏。”张黎明指着在外人看来区别不大的高压输电线说道，“特别是在冬天，输电线路常有污闪现象，我们会经常抢修。”张黎明坚信“工作着是快乐的”“把工作干出彩就是对党最大的忠诚”，正是这份对工作的初心和乐观主义情怀伴随他在电力抢修部门走过了三十多个春夏秋冬。

1987 年，十八岁的张黎明进入国网天津滨海公司工作，正式成为一名电力工人，从此开启了他“黎明出发，点亮万家”的承诺。20 世纪八九十年代，电网基础薄弱，电力施工条件艰苦。三伏天爬杆作业，电杆的温度高达四五十摄氏度，遇到雨天，手和脚又能泡到发白，冬天干活儿满头汗，风一吹又冻得打哆嗦，但为了学好技术，在张黎明看来，这都不算什么，没有克服不了的困难。

张黎明在工作中迸发的乐观主义情怀和他的家庭出身有很大关系。他出生在一个工人家庭，父亲是中建六局的一名老党员、老班长。小时候，父亲为参加湖北二汽、引滦入津等国家建设，带着全家从北到南，又从南走到北，辗转多地，却从未向组织讲过一次条件。从父亲身上，他看到了老一辈产业工人的乐观主义情怀和牺牲奉献精神，这些对年少的张黎明有着潜移默化的影响，从而奠定了他坚韧和乐观的品性。

2012 年 7 月 26 日，天津地区遭遇特大暴雨。那段时间，父亲病危，张黎明白天上班，晚上陪床。“这么大的雨，一定有灾情，你就不要在这里了。”父亲的敏锐让张黎明沉默不语。话音刚落，一阵急促的手机铃声响了起来，“好，我就来。”挂了电话，张黎明欲言又止。“快去吧，我没事，注意安全。”父亲的目光和张黎明一样坚定……

报修单就是出击的命令。那一晚，张黎明带领大伙跋涉在风雨中，车陷下去，就用手推，路面坑洼，就蹚水走；那一晚，张黎明带领大伙在暴雨中苦干近八个小时，完成报修工作八十一件。常年奋战在抢修一线，张黎明怀里揣着时间表，永远走在时间前面：二十四小时待命，无论三更半夜还是刮风下雨，只要接到报修单，就立马奔赴现场。

从开始参加高压抢险工作到技术管理转岗，再到目前进行的技术研发，张黎明已经把他近大半的人生奉献给了电力事业。工作三十年来，张黎明养成一个习惯：下班后骑车走街串巷，了解线路运行情况，遇到线路切改、沿线环境变化就随手画下来，这个习惯一坚持就是三十年。工作以来，他累计巡线八万多公里，利用业余时间亲手绘制线路图一千五百余张，这些图纸像电影一样经常在他的脑海里放映。张黎明对所辖线路的参数指标、变化状况、沿线环境及用户特点等情况也了然于胸，抢修“活地图”由此得名。

张黎明不仅专注于职业的专业化，更醉心于职业技能的精致化。在新科技革命、工业 4.0 来袭的时代，张黎明用传承与创新、专注与钻研、坚守与坚持、乐观与奉献为工匠精神作出最美的注脚。

张黎明一直有一个质朴的梦想：“让 60 多万企业用户和 260 万居民想用电时就有电。”承载这个梦的是张黎明对创新始终如一的执着。张黎明主持的多项创新项目取得了丰硕成果，获得国家专利二十四项，“可摘取式低压刀闸”一项专利推广应用，将恢复送电时间由原来的四十五分钟缩短至八分钟，每年减少停电损失超过三百万元；他发明的“AAEA”抢修管理模式，将故障平均处理时间由三个小时缩短到一个小时。

张黎明爱学习、善钻研，坚信“服务没有最好，创新就能更好”。以张黎明名字命名的“张黎明创新工作室”成立五年来，实现技术革新二百余项，一百一十余项获得国家专利，产生直接经济效益近十亿元，一批高素质人才也从这里涌现，一百五十一人提升了技能等级。张黎明创新工作室被命名为天津市“十大劳模创新工作室示范单位”，他本人也成为天津市电力系统唯一一位享受国务院政府特殊津贴的一线工人。

王立国是张黎明的徒弟，见证了张黎明的研发过程：“他比我们年轻人都有干劲，从无线控制、鹰眼视觉系统到智能工装，师傅像排雷一样，带着我们突破一个个难题。导向绝缘皮切割问题，就是师傅发现的，反反复复试验了几百次。而这些，都是师傅在日常一线电力抢修抢险工作之余完成的。”

作为新时期的电力工人，张黎明将共产党员不断创新的精神和乐观豁达的情怀发挥得淋漓尽致，更是用实际行动弘扬和践行着社会主义核心价值观。

2007 年，以张黎明名字命名的“滨海黎明共产党员服务队”成立了。十年间，张黎明和他的二百一十五名队员走进石化企业、“大火箭”基地等，安全检查保供电；走进乡村，推行节约用电小窍门，增加电力设备，让农村告别低电压；走进校园，向孩子们宣传安全用电常识；走进医院，检修线路保安全；走进社区保民生，推行社区经理服务制，开展“节能互助，照亮邻里”等服务项目。积善成德，他在志愿服务的道路上乐此不疲。

他始终坚信工作着是快乐的，他依然黎明出发，用他对工作的初心和乐观主义情怀感染万人，点亮万家。

人物简介：

张黎明，1968 年 8 月出生，河北沧县人，2001 年 5 月入党。他现任国家电网天津市电力公司滨海供电分公司运维检修部第四党支部副书记、配电抢修一班班长。2018 年 5 月 28 日，中宣部在天津市向全社会发布张黎明的先进事迹，授予他“时代楷模”称号。2018 年，张黎明被授予改革先锋称号，获改革先锋奖章，并获评创新型一线劳动者的优秀代表，2019 年 9 月，荣获第七届全国道德模范“全国敬业奉献模范”，2019 年 9 月 25 日，被评选为“最美奋斗者”。

知识链接：

所谓工业 4.0（Industry 4.0），是基于工业发展的不同阶段作出的划分。按照目前的共识，工业 1.0 是蒸汽机时代，工业 2.0 是电气化时代，工业 3.0 是信息化时代，工业 4.0 则是利用信息化技术促进产业变革的时代，也就是智能化时代。

“工业 4.0”这个概念于 2011 年在德国汉诺威工业博览会被首次提出，其核心目的是提高德国工业的竞争力，在新一轮工业革命中占领先机。德国学术界和产业界认为，“工业 4.0”概念即是以智能制造为主导的第四次工业革命，或革命性的生产方法。

扶贫路上一朵向阳花

——黄文秀

在我驻村满一年的那天，我的汽车仪表盘的里程数正好增加了两万五千公里，我简单地发了一个朋友圈：“我心中的长征，驻村一周年愉快。”

黄文秀，1989 年 4 月 18 日出生在广西壮族自治区百色市田阳县巴别乡德爱村多柳屯。2008 年，黄文秀考入山西长治学院思政专业，读书期间，她加入了中国共产党。2013 年，她考入北京师范大学哲学学院，2016 年毕业，获法学硕士学位，毕业后回到家乡百色工作。

2018 年 3 月 26 日，黄文秀来到广西壮族自治区百色市乐业县新化镇百坭村担任驻村第一书记。作为村里首位女第一书记，黄文秀开始了她的

扶贫之路。在扶贫工作上，她成绩斐然。但天妒英才，2019年6月16日晚，黄文秀从百色返回乐业途中遭遇山洪，因公殉职，年仅三十岁,年轻的生命永远定格在了扶贫路上。

作为北京师范大学法学硕士毕业的高才生，黄文秀放弃了寻找更好工作的机会，选择回到家乡百色，支持家乡建设。扶贫工作虽艰难困苦，但她不畏艰难，坚持不懈，毅然走在扶贫之路上。她如同一朵向阳花,用乐观主义精神影响着每一个人。

她的乐观主义精神早在求学之时就已经展现出来。黄文秀在百色市出生，自小生活困苦，住在砖头瓦块垒砌的房子中，没有任何粉刷，家里甚至连像样的饭桌都没有。她正是靠着扶贫资助，才得以继续学业。黄文秀的高中同学评价她："她最大的特点就是爱笑，不管遇到什么困难，她都是面带笑容，积极向上。她身上总是体现着很阳光的一面。"她身边的朋友对她的评价都有努力、阳光、真诚、开朗等诸如此类的词汇。"她阳光、活泼，而且平易近人，有自己的追求。"黄文秀的高中班主任李品忠说道，"她是家里面最小的，父母的身体也不好，通过筛选之后交给资助办，获得了资助。在受过资助之后，她在管理班级和学习方面更加积极主动，她想用自己的努力来回报这一份资助。"而她开朗的个性也不断影响着身边的同学和朋友，带给他人进取的动力和乐观的精神。

乐观主义精神一直延续到黄文秀工作后。黄文秀毕业后最先于百色市委宣传部任职副科长，她在自己的介绍栏上写下了“工作造就人格，不忘初心奋勇前行”的人生格言。

2018年3月，因百坭村扶贫工作的需要，领导找到黄文秀，问她愿不愿意过去扶贫，那里地处偏远，社情复杂，黄文秀没有过多的犹豫与思索，便决定挑起这个重担。实际上，黄文秀当时的家庭状况并不理想，父母皆重病在身，需要照料，但黄文秀并没有将这个状况告诉任何一名同事，更没有抱怨。面对生活与工作的双重压力，她积极面对，微笑克服。在驻村以后，她将几乎所有的用品从市区搬到了村里。但到了村里没几天，黄文秀就发现自己遇到了难题，作为一个年轻的书记，村民们对她并不信任，只认为她太过年轻，来扶贫不过是“走走过场”。黄文秀虽心里委屈，但并不气馁，她写下：“要想让老百姓接近我，就得让老百姓觉得我和他们是一样的。”她拿出山里人的拧劲，挨家挨户地走访，做事，加上她积极开朗极具感染力的性格，终于与村民打成一片，村民们也亲切地叫她“文秀姑娘”。她铆着劲做村里人的贴心人，帮大家甩掉“穷帽子”。她通过走访发现制约发展的最大问题是交通，于是想尽办法为村里修出了路。她还找来了农业技术人员进行指导，培养致富带头人。村民最开始没有人想当致富带头人，她便三番五次去游说，并且对村民说：“你只用负责带领大家管好果，剩下的一切问题都由我负责。”她手把手地教村民如何管好果种好果，一切亲力亲为。黄文秀的这些举动不仅打动了村民，还打通了百坭村的小康之路。

驻村扶贫一年后，她在工作日记上写道：“在我驻村满一年的那天，我的汽车仪表盘的里程数正好增加了两万五千公里，我简单地发了一条朋友圈‘我心中的长征,驻村一周年愉快’。”面对扶贫的种种困难,她则表示:“长征的战士死都不怕，这点困难怎么能限制我前行。”她的乐观主义精神支持着她克服千难万险，走在这条扶贫的长征之路上。

2019 年 6 月 14 日，一个灌溉二百多亩农田的渠道被山洪冲断，以务农为主的村民们没了基本生活保障。黄文秀为此心急如焚，第一时间带领两位村干部到现场查看灾情。为了赶上 17 日早上的扶贫工作会议，尽快解决农田问题，6 月 16 日晚，黄文秀决定连夜赶回村里。刚要出发的时候，还是小雨，同事们劝黄文秀天黑不要出发，但黄文秀还是坚持赶路，不料出发不久，淅淅沥沥的小雨渐渐下大，很快变成了大暴雨，持续暴雨引发山洪，淹没了山路，黄文秀也因山洪而不幸遇难。

“我们现在所处的时代是一个非常美好的时代，我们百色作为一个脱贫攻坚的主战场，如何将百色革命先烈奋勇向前、不断拼搏的精神传承下去，作为青年一代我们责无旁贷。同时作为驻村第一书记，我有信心在党中央的正确领导之下，不获全胜，决不收兵。”黄文秀在一次采访中表达了自己对百坭村扶贫的勇气和信心。

她走在扶贫之路上，舍弃了漂亮的鱼尾裙，穿上运动裤、运动鞋，但她仍是一朵向阳花，用乐观精神坚守初心和使命，用生命谱写青春之歌，她永远开放在百坭村，影响着每一位当代青年。

人物简介：

黄文秀（1989—2019），广西壮族自治区田阳县人，2016届广西定向选调生、北京师范大学法学硕士。生前系广西壮族自治区百色市委宣传部副科长，2018年3月26日，黄文秀来到广西壮族自治区百色市乐业县新化镇百坭村担任驻村第一书记。2019年6月16日晚，黄文秀从百色返回乐业途中遭遇山洪因公殉职，年仅三十岁。2019年7月1日，中宣部追授黄文秀“时代楷模”称号。2019年7月17日，中华全国总工会追授黄文秀同志全国五一劳动奖章。2019年9月，黄文秀荣获第七届全国道德模范“全国敬业奉献模范”，9月25日，被授予“最美奋斗者”荣誉称号。

知识链接：

精准扶贫是指针对不同贫困区域环境、不同贫困农户状况，运用科学有效程序对扶贫对象实施精确识别、精确帮扶、精确管理的治贫方式。“精准扶贫”是习近平在2013年11月到湖南十八洞村考察时正式提出的。2015年6月，习近平在贵州就加大推进扶贫开发工作又全面阐述“精准扶贫”概念，进一步提出“六个精准”，即“扶持对象精准、项目安排精准、资金使用精准、措施到户精准、因村派人精准、脱贫成效精准”。“扶贫先扶志”“扶贫必扶智”“精准扶贫”，是习近平新时期对扶贫工作的新论断，是对党的扶贫理论的新发展。2020 年是全面建成小康社会目标之年，是全面打赢脱贫攻坚战收官之年。